AF191484

FSC
www.fsc.org
MIX
Papier aus ver-
antwortungsvollen
Quellen
Paper from
responsible sources
FSC® C105338

Verlag: BoD · Books on Demand GmbH, In de Tarpen 42,
22848 Norderstedt
Druck: Libri Plureos GmbH, Friedensallee 273,
22763 Hamburg

ISBN: 978-3-7597-6024-1

Des Eremiten Lehr-Botschaften

Lehren des Meisters aus der
Initiierungsschule im Hoch-Himalaya

- Bruder Amo & Felix Schmidt -

Umfassend neu überarbeitet

Bildnachweis:

Cover und S.3: Screenshot / "Skyrim" (Music & Ambience)

S. 27: Stiftung Haus der Geschichte

S. 129: Screenshot / "Calm Forest Meditation" (Music & Ambience)

S. 131: Screenshot / "Mystic Healing Forest" (Music & Ambience)

S. 133: Screenshot / "Skyrim" (Music & Ambience)

'^" V2

Inhaltsverzeichnis

Zur Einführung

Mit der Veröffentlichung dieser "Lehr-Botschaften des Eremiten" soll zur Besinnlichkeit und zum Nachdenken angeregt sein.
Es ist ein sogenannter Eingeweihter und Meister, der hier spricht. Und dieser Meister ist ein Deutscher - womit auch zum Ausdruck gebracht werden soll, dass der allerhöchste Grad der mystischen Erkenntnis nicht nur den Eingeweihten eines speziellen Landes zugehörig sein dürfte! Er ist ein Deutscher, der - wie wir - deutsch sprechen, verstehen, denken, fühlen und begreifen konnte und sich, in diesem Sinne, als Eingeweihter und Meister an uns wendet(e).

Wie der Eremit, vor seinem irdischen Ableben, in einem Abschiedsbrief an den Schriftleiter [1] ausführte, wollte er ihm auch in Zukunft Botschaften zukommen lassen, von denen dieser, zu gegebener Zeit, und unter den dafür von ihm als geeignet gefundenen Umständen, nach eigenem Ermessen Gebrauch machen dürfe.
Lange jedoch ließ der Eremit nichts von sich hören, sodass mancher Leser des "Geistigen Lebens" an der Erfüllung des Versprechens bereits zu zweifeln begann.
Besagter Redakteur [1], der den Eremiten persönlich kennengelernt hatte, wusste indes sicher, dass dieser sein Wort halten würde, sobald die Zeit dafür reif wäre.
Und das war schließlich auch der Fall..!

Genau wie zuvor, als Bruder Amo noch (physisch unter uns) lebte, erhielt er dann, ab März 1947, in kurzen Intervallen, ständig neue Offenbarungen. Sie kamen stets unerwartet und nur, wenn er gerade redaktionell stark beschäftigt war. Dann befanden sie sich gewöhnlich unter seinen, auf der Schreibmaschine angefertigten, Manuskripten. Der Schriftleiter erhielt niemals eine Offenbarung, wenn er sich etwa einfach an seine Schreibmaschine setzte, um dort auf eine entsprechende Durchgabe, respektive Eingebung zu warten.
Im Gegenteil: Die Offenbarungen stellten sich jeweils nur ein, wenn er gar nicht an sie dachte!

Da die neuen, seit Frühjahr 1947 empfangenen, Offenbarungen die verschiedensten Themen enthielten, konnten sie in der damaligen deutsch-amerikanischen Zeitschrift "Geistiges Leben" nicht unter einzelnen Titeln übersichtlich veröffentlicht werden; das heißt, sie wurden in Fortsetzungen so publiziert, wie sie gerade kamen...

Darum erscheinen im vorliegenden Buche nun diese belehrenden, uns unterrichtenden Botschaften des Eremiten zum leichteren, ja, besseren Verständnis in einer thematisch gegliederten, nachträglich geordneten Reihenfolge.

Felix Schmidt,
Editor und Schriftleiter des "Geistigen Lebens"
Cleveland, Ohio, USA

Kleiner Prolog des Herausgebers

Als geringer, unbedeutender Mitstreiter im Werk der "Großen Weißen Bruderschaft" fühlte ich mich angeregt, inspiriert und innerlich dazu aufgefordert, das Bestreben Meister Amos dahingehend zu komplettieren, seiner von mir bereits gründlich redigierten und veröffentlichten autobiografischen "Geschichte des Eremiten" nun auch die entsprechenden, nachfolgenden "Lehr-Botschaften" (nach wiederum akribischer Durchsicht und Verbesserung, wo dies nötig wurde) hinzuzufügen, welche er, im Besonderen ab 1947, über Felix Schmidt, an die Leser der deutsch-amerikanischen Zeitschrift *Geistiges Leben* gerichtet hatte.

Zuweilen erwies sich mir dieses Unterfangen als sehr anstrengend und herausfordernd - wie oft quälten mich die manchmal haarsträubenden Wortschöpfungen des Eremiten, die ständigen Wort- und Begriffs-, sowie auch die notorisch vorkommenden, fast schon pedantisch wirkenden, Gedankenwiederholungen, welche er, zu setzen, zu meinem Leidwesen, in der Initiierungsschule des Zacharias wohl nur allzugut gelernt hat(te).

Ich habe mich bemüht, diese Klippen im Lesefluss zumindest zu reduzieren, beziehungsweise zu modifizieren - ohne den Originalton des Berichtes über Gebühr, das heißt unverantwortlich weit verändernd, zu strapazieren.

Nun gut, mag man auch über das Letztgenannte schmunzeln, können und werden doch, schlussendlich, die Erklärungen, Erhellungen und Offenbarungen Bruder/Meister Amos für uns alle - auch heute (noch) - von, zum Teil wegweisender, Bedeutung sein..!

Uwe Laubach

Altmorschen, im September 2024

25 - Die Bedeutung der gegenwärtigen Zeit
(~ 1940 – 1950)

Die Menschheit durchläuft gerade eine Phase großer Umwälzungen, wie solches, sollte sie sich nicht bessern, im Voraus - unter anderem - von jenen, die mit Gott in trauter Verbindung standen, respektive stehen des Öfteren bereits angekündigt wurde.

Betrüblicherweise besserte sie sich über viele Jahrhunderte hindurch keineswegs - weder moralisch, noch vom religiösen Standpunkt aus betrachtet!

Im Gegenteil: Sie entfernte sich sogar noch weiter von Gott!

Daher wundert es nicht, dass die Menschen fortgesetzt unter ihren falschen Handlungen ächzen und stöhnen, um dadurch, wenn möglich, auf die rechte Bahn zurückgeführt zu werden.

Solches geschieht ständig und zu jeder Zeit - individuell-persönlich und unter den Nationen.

Freilich müssen bei solch Gebaren auch Unschuldige mit den Schuldbeladenen leiden - wodurch die Schuld der Letzteren weiter wächst; bei den unschuldig Elenden hingegen die seelische Entfaltung und Reifung maßgeblich beschleunigt wird.

So quält sich - interessanterweise - niemand vergebens: Die Unschuldigen leiden zu ihrem Fortschritt und zur beschleunigten Weiterentwicklung; die Schuldigen treten in einen härteren Belehrungsprozess ein.

Jenes geschieht allerdings nicht aus göttlicher Rache, beziehungsweise im Sinne einer Bevorzugung von wenigen Privilegierten, sondern ist jeweils nur die kausale Folge menschlichen Handelns. [1]

Gott lässt die Menschheit mit ihrem von Ihm belassenen, ja bewusst geförderten, freien Willen schalten und walten - hält in seiner großen Liebe gegenüber den Menschen sogar manch Unglück zurück, welches, nach dem Prinzip von Ursache und Wirkung, eigentlich schon längst über sie hätte hereinbrechen müssen...

Nun indes hat die Menschheit, besonders in den letzten Jahrzehnten, den "Bogen aber doch empfindlich überspannt"! Das Maß des Erträglichen war/ist voll!

Des Menschen freier Wille scheint sich in einer negativen Richtung "kristallisiert" und "verkrustet" zu haben; so, dass er immer öfter zur geopferten Beute seines rückhaltlos hochfahrend-stolzen Egoismus wurde, dem man sich mehrheitlich offenbar zunehmend bedenkenlos verschrieben hat(te).

Ist es jedoch erst einmal soweit gekommen, zieht Gott seinen barmherzigen Schutz zurück und lässt der gesetzlichen Wirkung selbst verursachter, übler Folgen - von einstens ins Feld gesetzten, **angehäuften** Handlungen - freien Lauf.

Kein Wunder also, dass, als Konsequenz, alles **auf einmal vehement** über Einzelne, über Völker und Nationen, ja gegebenenfalls - wie derzeit - über die ganze Welt hereinbricht..!

Für euch, die ihr in einer solch schweren Zeitepoche lebt [2], erscheinen die Dinge natürlich jetzt doppelt entsetzlich, weil jeder Überblick verlorengegangen ist. Nur - besinnt euch -, ähnliches (wenn auch nicht in dem enormen, globalen Ausmaß) kam gelegentlich ebenfalls früher schon, wie ein vermeintliches oder tatsächliches Strafgericht, über die Menschen. Vielleicht erinnert ihr euch daran, im Geschichtsunterricht davon gehört und/oder gelesen zu haben: Von der Zerstörung Babylons und dem assyrischen Ninive; dem Untergang des alten Perser-Reiches oder Ägyptens; der Verheerung Mitteleuropas während und im Gefolge der ruinösen Auswirkungen des Dreißigjährigen Krieges...

Wenn ihr gelegentlich die Geschehnisse der Antike Revue passieren lassen würdet, könntet ihr leichthin feststellen, dass fast alle Reiche nach einer kürzeren oder längeren Zeitspanne untergegangen sind; untergehen *mussten*, um neuen Völkern und Regierungssystemen Raum zur Entwicklung und Entfaltung ihrer nationalen Eigenheiten zu gewähren.

So folgte dem grauen Altertum die griechische Hochkultur - jener wiederum das römische Cäsaren-Imperium und so weiter und so fort...

Jede Kultur brachte die Menschheit aber zu einer erweiterten Weltauffassung, welche heute - ziemlich uniform - über den ganzen Globus verteilt ist, sodass beispielsweise Kolonialvölker irgendwann nach Selbständigkeit streben, weil sie zur Eigenverwaltung ihrer Geschicke reif wurden.

Damit erledigt sich die Kulturarbeit bestimmter Länder gewissermaßen von selbst, insofern sie - nebst dem Machtgelüste nach hegemonialer Dominanz und maximaler Ausdehnung ihres Herrschaftsbereiches - ihre Aufgabe in der Kolonisierung schwächerer Weltgegenden sahen.

Im Fazit könnte man getrost konstatieren, dass jede bedeutende Ära emporstieg, ihre Blüte erlebte und dann irgendwann den Abstieg. Überall gab, und gibt, es Schönheiten und Missstände zu entdecken...

Angenommen - um diese Feststellung einmal bildhaft zu illustrieren - ihr nähertet euch einer pittoresk gelegenen Stadt. Ihr seht sie zum ersten Mal aus der Ferne im Sonnenlicht; malerisch umrahmt von bewaldeten Höhenzügen... Ihr Anblick begeistert euch - auch noch, als ihr der Stadt prächtige Bauten besucht. Doch dann gelangt ihr in städtische Gegenden, die heruntergekommenen Slums gleichen - schmutzigen, müllverschandelten, rattenverseuchten Armen- und Elendsvierteln, in denen Unmoral, Drogensucht, gesteigerter Alkoholkonsum und Kriminalität grassieren.

Das habt ihr nicht geahnt, als ihr - zu Anfangs - noch die liebliche Lage der Stadt bewundertet..! Doch jetzt ist es euch enthüllt: Es ist wie überall auf der Erde - es gibt nichts Vollkommenes..!

Um etwas klar zu eruieren, ist es eben nötig, zu allem eine gewisse (innere) Distanz zu bewahren - nur so lässt sich das vorhandene Positive und Negative objektiv gleichermaßen erfassen.

Auf diese Weise hat auch die gegenwärtige Zeitperiode, neben dem Schlechten, ihr Gutes - dieses "Gute" ist indes für Menschen, welche inmitten solch schlimmer Verhältnisse leben, wie sie mancherorts gegenwärtig herrschen, leider nicht wahrnehmbar, weil ihnen das ausgewogene Maß zwischen Fern- und Überblick, sowie auch direktem, nahem, genauem Hinschauen und Analysieren fehlt. So ist es kaum verwunderlich, dass sich eine Unzahl Bedrückter über das augenblickliche, kummervolle Geschick nicht (mehr) hinauszuschwingen vermögen.

Sehr vielen Menschen fehlt es, wegen ihrer erlebten Belastung, an besagter Distanz - weswegen es dann, verständlicherweise, zum reichlichen Klagen und Jammern kommt; zumal es diesmal Millionen sind, über welche nun die schreckliche Kausalität einst gesetzter Ursachen geballt zur Auswirkung gelangt, weil Gott das lange Zurückgehaltene jetzt zulässt.

Allein - wie zuvor schon erwähnt - werden manche durch die erlebte Not zur Besinnung finden, ihre Lebensprioritäten neu ordnen und damit für ihre Seele auf den rechten Weg zurückgeführt. Kurz: Sie kommen Gott und dem Streben nach Gottverbundenheit (wieder) näher!

Andere mag es geben, die, ob des beobachteten Unrechts um sie herum - ihnen selbst oder Fremden angetan -, noch enttäuschter und verbitterter werden und den (irrigen) einzig logischen Schluss aus dem Durchlebten darin sehen, sich von jedem unnütz erscheinenden Gottglauben abzuwenden.

So wird die jetzige, schwere Zeit zu einer Scheidung der Gemüter führen:

Diejenigen, welche sich zu ihrem Himmlischen Vater hingezogen fühlen und aus ihrem Leiden zu lernen gewillt sind, werden in ihrer seelischen Entwicklung ungeahnte, enorme Fortschritte erzielen. [3] Dagegen jene, die sich immer fester und beharrlicher in jeder Form von Verbitterung verbeißen, eine weitere Entfernung von Allvater-Gott initiieren. Und es kann dauern, ja, gegebenenfalls erheblicher seelischer Pein hier und im *"Großen Jenseits"* [4] bedürfen, ehe sie sich erneut, mit tiefem Ernst und Aufrichtigkeit, Gott zukehren.

Gerade auf der jenseitigen Existenzebene kann das manchmal mit unsäglichen Qualen verbunden sein, in deren Vergleich, auch noch so schwer erduldbare Leiden auf Erden, fast einem reinen "Kinderspiel" gleichkommen.

Verloren allerdings geht so leicht keine Seele!!
Doch es können - nach irdischen Maßstäben gerechnet - geradezu unvorstellbar lange Zeitbegriffe verstreichen, bis sie, in Irrtum verfallen, zur endlichen Einsicht ihrer falschen Einstellung gelangt und zum Göttlichen und seiner weisen Führung zurückfindet.

Da also die jetzige schwere Zeit - und schwere Zeiten generell [3] - auch solche, immensen seelischen Fortschritts sein können, fasst Mut! Es sind immer Gelegenheiten vorhanden - auch aktuell, in dieser besonderen Situation - um *überwinden* zu lernen; zu *verzeihen*.

Man übe sich, alles Gott anheimzustellen und sich Ihm in allen Belangen, allem Bangen, Hoffen und Sehnen anzuvertrauen!

Dazu muss man keinem Unglücksverursacher "um den Hals fallen" - nein, man lerne zunächst ihn zu *ertragen*, um sich zu *dulden*.

Ihr kennt die Gebote! Vergebt - und euch wird/kann vergeben werden [5].

Und ihr, die ihr schon tiefer eingedrungen seid in die Geheimnisse des göttlichen Wirkens: Tröstet und helft euch - materiell, aber auch besonders seelisch und geistig..! Für euch ist **jetzt** die Zeit zur Tätigkeit und zum Handeln gekommen - gar manche Psyche liegt lädiert und geschwächt darnieder, benötigt Stärkung und Kraft.

Es gab viele Generationen, denen sich eine solch günstige Gelegenheit zum aktiven Einsatz nach der Lehre Gottes das ganze Leben hindurch nicht geboten hatte. **Jetzt** sind Anreize millionenfach vorhanden..!

Immer wieder wird in Kreisen meiner einst eigenen Landsleute die Frage aufgeworfen: "Warum musste solch Unglück gerade die Deutschen (zum zweiten Male) so hart treffen"?

Nun, diese Frage beantworte sich ein jeder getrost selber, indem er objektiv über das Handeln der Deutschen während der letzten Jahrzehnte und über die gewaltige Aufgabe nachdenkt, mit welcher gerade der deutsche Volkscharakter vom Herrgott begnadet worden ist.

Erinnert euch, dass der Deutsche in Friedenszeiten stets geachtet, ja angesehen und beliebt war. Dies kam, weil die deutsche Volksseele sich nur im Frieden - ihrer Charakteristik entsprechend - entfalten kann. Die deutsche Seele ist schon etwas Eigentümliches, denn es ringen in ihr zwei polare Kräfte: Das "Himmelhoch-Jauchzende" und das "Zu-Tode-Betrübte"; das seinen Nächsten Beglückende, Schenkende, Gebende und das Kleinliche, Pedantische, Geizige, Hindernde.

Kurz: Beim Deutschstämmigen liegen - im schärferen Maße als bei irgendeinem anderen Volkstum - die seelischen Gefühlsgegensätze in einem ständigen Kampf, wodurch die deutsche Psyche geradezu übersensitiv wird; das heißt ein Seelenzustand entsteht, welcher Fremdvölkern nahebei unverständlich, ja, suspekt erscheint.

Das seelische Ringen im Deutschen eben beschriebener Art ist das, was man als "Grüblerische Natur" bezeichnet. So wenig diese von Außenstehenden begriffen wird, ist sie jedoch mitschuldig daran, dass er/sie so leicht den Blick für die ihm/ihr gerade vom Schöpfer übertragene Aufgabe in der Menschheitsfamilie verliert

- nämlich, vor allem ein *Geistesmensch* zu sein und als solcher allen Völkern ein strahlendes Beispiel für seelischen Fortschritt zu geben!

Indes - schnell ist die rechte Perspektive verfehlt: Der Deutschstämmige glaubt dann auf Feldern nachahmen zu wollen - ja, zu "müssen" - für die er einfach nicht geschaffen ist. Leicht verfällt er in ein Denken, etwas nachholen zu müssen, um nicht "zu kurz gekommen zu sein". Er meint, er müsse sich an ihm unzupassenden Problemen befleißigen; Probleme, für die er allerdings nicht "das (Werk-)Zeug hat", weil sie ihm einfach nicht angelegen sind.

Mit alternativen Worten ausgedrückt: Er vergisst, was die spirituellen Leuchten einer so eigenen Volksgemeinschaft, seine Philosophen, vor allem aber seine vielen Mystiker, permanent mit Nachdruck betonten, nämlich, dass er - als Geistesmensch - nur durch sich selbst zu wirken hat, durch sein vorbildliches Beispiel; nie jedoch darin, anderen Völkern ein "Korsett" aufzwingen zu wollen, etwa indem man als gebieterischer Kolonialherr auftritt.

Kolonien hatte das Deutsche Kaiserreich vor dem 1. Weltkrieg gehabt - und das war auch nicht verkehrt; aber man hat vieles völlig falsch angepackt, wobei man nur an die Vorfälle in Deutsch-Südwest, dem heutigen Namibia, zu denken braucht. Der Wunsch nach Weltgeltung und das Auftreten eines besserwisserischen und zwingenden Zuchtmeisters entsprachen nicht der göttlichen Absicht für das Volk der Dichter und Denker!

Als spiritueller Mensch ist der Deutsche von Gott angehalten in der Menschheitsfamilie der geistige Berater und Wegweiser zu sein und daher, in diesem Sinne, mit allen anderen Völkern des Erdenrunds inspiratorisch zusammenzuarbeiten.

Noch nie in seiner Geschichte hat das deutsche Volk diese Tatsache hinlänglich erkannt, beziehungsweise voll erfasst - obwohl es doch Beweise genug dafür gehabt hätte, wie segensreich sein **friedliches** Handeln auf jeden Beteiligten wirkt(e).

Das deutsche Volk, mit seiner tiefschürfenden Philosophie, seiner enormen mystischen Erkenntnis und der Gabe, mit Gott wirklich innerlich verbunden sein zu können, ist von Ihm mit dem Amt und der Funktion betraut worden, das irdische Dasein für sich und seine Mitmenschen auf der Welt nicht nur erträglich, sondern zufriedenstellend und beglückend zu gestalten. Daher hat dem

Deutschen eine irdische, hegemoniale Weltherrschaft mit äußerem Gepränge noch nie gelegen (und wird solches auch nie liegen, respektive mit Gewinn zukommen)!
Überlasst diese Bestrebungen der Machtausübung und des Aufbaus von Imperien - mit allen damit verknüpften Wirren und Mühsalen - nur getrost denen, die besser dafür geeignet und auch "von Oben" dafür ausersehen sind.

Wenn der Deutsche sich darauf besönne, die Welt mit Gemüt, mit Vergeistigung und Verinnerlichung - seelischem und spirituellem Erleben - zu durchdringen, würde es mit der alten Heimat schnell wieder vor- und aufwärts gehen! Ja, sie könnte sogar nochmals zu hohem Ansehen gelangen..!
Geschähe solches nicht, hätte Deutschland seine ursprüngliche göttliche Mission gründlich verfehlt und würde für die restliche Staatengemeinschaft irgendwann nutzlos werden. Deswegen erachte es jeder Deutsche als seine heiligste Pflicht, nur solchen, **als seinen Führern**, zu folgen, welche in harmonischer Resonanz mit dem höchsten Ziel des Willens Gottes stehen! Dieses zu erkennen und zu beachten, gilt sowohl für den Einzelnen, wie auch das kollektive Bürgertum.
Ein nicht gotthöriger "(An-)Führer" ist ein Götze! Wer ihm folgt, ein Götzendiener!

Als Trost für all jene, die sich um die alte Heimat sorgen [6], diene die in der Zukunft liegende sehr hohe Wahrscheinlichkeit, ja fast Gewissheit, dass sie sich noch einmal erholen wird!
Ob solche Erholung und Wieder-Erstarkung freilich von Bestand sein wird, hängt ganz vom zukünftigen Verhalten und Tun der Deutschen selbst ab..!

Noch immer liebe ich das Volkstum, in dessen Lebenskreis ich, während meines irdischen Seins, hineingeboren wurde. Jetzt sehe ich jedoch viel weiter als damals und wesentlich weiter als ihr, die ihr diese Zeilen lest. Ihr könnt mir getrost vertrauen, dass ich sehr wohl weiß, was ich hier kundgebe! Es mag vielleicht nicht immer gefallen - aber nach solch Kriterium richtet sich das Weltgeschehen niemals, denn dabei sprechen gewaltigere Faktoren das federführende Wort.
Jeder trägt indes mit seiner freien Willensentschließung, und folglich Handlung, beziehungsweise Nicht-Handlung, zum Großen und Ganzen bei. Möge mein Appell dazu dienlich sein, euch

willentlich der hohen Bestimmung zu unterstellen, welche Gott den Gliedern des deutschen Volkes anvertraut hat.

Gleich, ob ihr nun in der Alten oder der Neuen Welt ansässig seid, trägt jeder dazu bei, einen Verfall und einer Auflösung des Deutschtums entgegenzuwirken, welches Geschick drohen würde, sollte die göttliche Mission für diese Nation weiterhin und fortgesetzt mit geflissentlicher Missachtung belegt werden.

Gott begnadet ein spezielles Volk nur selten mit einem besonderen funktionalen Auftrag, welcher sich sodann im nationalen Charakter widerspiegelt.

Dieses Thema ist so umfassend und weitreichend, dass ich in einem späteren Kapitel noch einmal gesondert darauf zu sprechen kommen möchte. [7]

26 - Neue Bahnen für menschliches Forschen

Manche Vertreter von religiösen Organisationen, auch diverse christliche Denominationen, glauben, dass es nicht gut wäre, wissenschaftlich zu forschen, wenn bestimmte naturwissenschaftliche Tatsachen in ihren religiösen Büchern als unmöglich oder unnötig bezeichnet sind.

Solche Auffassung widerspricht jedoch dem allgemeinen Drang nach Fortschritt, wie er sich in dem nie rastenden Vorwärtsstreben des Geistes kundtut.

Der menschliche Geist, sein Individualbewusstsein, ist bekanntlich ein Funke des Geistes Gottes - weshalb ersterem der nie ruhende Wunsch innewohnt, seinen Wissenshorizont zu erweitern, denn besagter Funke ja aus Gott selbst, der personifizierten Allwissenheit, hervorgegangen ist!

Im menschlichen Geiste ruht deswegen der Prototyp allen Wissens.

Durch den menschlichen Geist soll dem Seelenkörper, welcher dem Abschluss seiner Entwicklung entgegensieht, beziehungsweise diesen bereits erreicht hat, nunmehr die Möglichkeit geboten werden, sich mit dem Geistfunken aus Gott durch die *"Geistige Wiedergeburt"* zu vereinen. [1]

Daher ist Forschen und Suchen niemals ein Handeln gegen Gottes Gebot, sondern bietet eine der vielen Möglichkeiten zur endgültigen "Wiedergeburts-Vereinigung" - wobei, auf dem Wege zum Ziel, das rein geistige Forschen für lange Zeit durch das Gefühl des Seelenerlebens reguliert werden muss(te).

Klar...

Die Menschheit könnte schon viel weiter in der Erkenntnis und Nutzbarmachung der Naturkräfte sein, wenn sie sich - zu deren Erforschung - nicht ausschließlich auf Wege der Physik, Chemie und Mathematik beschränkte, sondern dabei auch die ausgleichend harmonisierenden Entsprechungswerte mit in Rechnung stellen würde. Teilweise geschieht das allerdings, in dem man, zum Beispiel, jüngere Entdeckungen in den Dienst der Krankenheilung und Krankheitsbehandlung stellt. Das ist sehr erfreulich und zu begrüßen.

Aber warum kann man neu entdeckte Energien nicht auch zur Linderung allgemeiner Not und Beseitigung von Elend ergänzend heranziehen? Wieso begrenzt der Wunsch nach unsozialem egozentrisch-kommerziellem Gewinn die Nutzung solcher Kräfte, unterwirft sie einem Monopol? Viele der Erfindungen könnten das menschliche Dasein umfassend erleichtern - wie es beispielsweise Dampf, Verbrennung und Elektrizität im Verkehrswesen schon getan haben. [2]

Wenn dem so ist, warum setzt man dann nicht, im Gefolge neu entdeckter Energiequellen, die allgemeinen Arbeitsstunden herab, anstatt damit nur noch größere Gewinne für Kooperationen und Privatunternehmungen zu erwirtschaften?

Es bietet sich aber noch eine ganz andere Form des Forschens und Durchdringens von Seinsproblemen an - nämlich durch die **unmittelbaren** Kräfte der Seele und des Geistes; ein Weg, der schon seit undenklichen Zeiten von einigen wenigen Erleuchteten eingeschlagen wurde und der zu Erkenntnissen führt, von denen die heutige Wissenschaft noch nicht einmal träumt - geschweige denn glaubt, dass sie möglich wären...

Man denke da nur an die Optionen, welche uns Eingeweihten zur Verfügung stehen. Wir gelangten *nicht* auf dem Wege der modernen Wissenschaft in deren Besitz, das heißt unter dem Gebrauch von Instrumenten, sondern durch Entwicklung des Innenlebens, sowie Koordinierung unserer Gefühle und Empfindungen nach ethischen und moralischen Grundsätzen.

Diese beiden Faktoren indes,

Ethik und Moral,

werden als Büttel wissenschaftlichen Eindringens in die tiefsten Geheimnisse der Natur von Schulwissenschaftlern natürlich immer noch lächelnd als Phantastereien abgewiesen, da sie sich - überdies - wie ein nur störender, begrenzender "Hemmschuh", Häscher oder Ordnungshüter, gegenüber den zumeist rücksichtslos verfolgten Zielen verhalten.

Wenn man sich aber nur einmal Mühe geben würde, wirklich ernstlich und gewissenhaft jene enormen Seelenkräfte zu erforschen, die Glaube, Überzeugung und bedingungslose Gott-Hinwendung, ja, Gott-Verschreibung, freimachen, würde man zu Feststellungen gelangen, die erstaunlicher sind als die Energien, die bis jetzt durch die Atomforschung bekannt geworden sind!

Daran ist wohl aber noch nicht zu denken; werden doch gegenwärtig selbst die simpelsten, sogenannten okkulten Vorfälle, wie Spukerscheinungen, meistens nicht einmal untersucht. Und es würde sich bestimmt lohnen, nicht nur diesen auf den Grund zu gehen, sondern auch manche jener Vorfälle nachzuprüfen (insoweit dies noch möglich ist), von denen berichtet wird,

- dass Menschen die größten Qualen eines schrecklichen Martyriums überstanden, ohne sie als schmerzhaft zu empfinden

- dass Menschen vorübergehend schwerelos wurden (levitierten)

- dass Kranke sich, allen hoffnungslosen ärztlichen Diagnosen und Prognosen zum Trotz, wieder vollständig erholten und genasen.

Das wären Fälle, in denen Seele und Geist des Menschen als Hilfsmittel benutzt wurden und nicht Instrumentarien, mit welchen die moderne Wissenschaft ausschließlich nach mathematischen Formeln forscht.

Dessen ungeachtet wird die moderne Wissenschaft, mit ihren Geräten und Apparaturen, in den nächsten Jahrzehnten aber noch viele Fortschritte zu verzeichnen haben, welche sich die heute lebende Generation noch kaum vorzustellen vermag. [3]
Außer erweiterten Möglichkeiten in der Verwertung und Nutzbarmachung der Atomkraft wird beharrliches Experimentieren und Extrapolieren noch andere Geheimnisse des Atoms zu Tage fördern.
Ungeahnte Neuerungen stehen der Menschheit beim Eindringen in die Zonen jenseits der Schallgeschwindigkeit [4] bevor.
Revolutionäre Entdeckungen im Weltall geraten – damit in Verbindung – in realistische Reichweite. [4]
Trotz alledem werden aber manche Probleme, mit denen sich die Menschheit schon lange beschäftigt, respektive abplagt, noch immer nicht recht lösbar sein, da man dafür einen anderen Ansatz als den instrumental unterstützten einschlagen muss.

Ein solches Gebiet wäre, zum Beispiel, der Bereich der verlässlichen und langfristigen Wettervorhersage. Auch weitere Feststellungen in höchsten Schichten der Erdatmosphäre werden das komplexe und komplizierte Wetter nicht vollends und fehlerfrei prognostizierbar machen, da gerade dabei, unter anderem, auch erlichtende Faktoren mitspielen, die etwas mit Seelentätigkeit und Geisteskraft zu tun haben.

Das mag sich auf den ersten Blick absurd anhören - aber man denke nur an manche Wetterpropheten unter den wilden Eingeborenenstämmen im Inneren Afrikas, Australiens (Aborigenes) und Südamerikas (insbesondere Amazoniens), die noch heute auf Wunsch bestimmte Witterungsverhältnisse herstellen können. Und daran ist sehr viel Wahres, wenngleich jene "Wettermacher" der "Wilden" auch diverse Dinge falsch anstellen, was, vom Standpunkt wirklich Eingeweihter aus gesehen, leichter und effizienter hätte bewerkstelligt werden können.

Unschwer zu erraten, wünschten sich manche, dass ich, an dieser Stelle, einige Rezepte für wissenschaftliches Forschen, mittels Seele und Geist, *konkret* "aus der Westentasche hervorzaubere". Wohl könnte ich solches als Initiierter tun - doch damit würde ich gegen eines der Grundprinzipien aller Eingeweihten verstoßen.
Wir konnten sämtliche uns zu Gebote stehenden Kenntnisse nur auf äußerst mühevollem Wege erwerben; es folgten eine Vielzahl an Prüfungen, unter anderem, ob wir wirklich die nötige moralische Reife besäßen, treue Hüter von Geheimnissen zu sein und konsequent zu bleiben. Und dieses Versprechen, das jeder Eingeweihte bei seinem Endexamen ablegt(e), ist ihm heilig und wird nie von ihm gebrochen werden!
Mir ist es daher nur erlaubt, mich, bezüglich meiner Schilderungen und Aufschlüsse, im Rahmen allgemein gehaltener Wortwahl zu ergehen, um euch das Leben auf Erden etwas leichter zu gestalten. Mehr zu enthüllen ist nicht statthaft!
Aber eines kann ich euch versichern: So manche wissenschaftliche Entdeckung der Zukunft dürfte noch aus Deutschland kommen, obgleich der Bildungs-, sowie Erziehungsstandard gesunken ist – und noch weiter (unter der "Modernisierung" gesellschaftlicher Normen) leiden wird.
Will heißen: Wie wollt ihr eure Kinder mit antiautoritären und/oder teils laschen Methoden recht führen?
So werden Egoisten und Narzissten erzogen..!
Doch, abgesehen von solch Stilblüten, werden Deutsche, im Gefolge einer dafür nötigen Seelen- und Geisteskraft-Entwicklung, zu Erkenntnissen gelangen, welche in Erstaunen

versetzen..! Ihre Forschungen verfügen dadurch erneut über bahnbrechendes Potential für die Welt.

Hauptsache ist, dass sie sich stets ausschließlich auf ihre enormen seelischen und geistigen Kräfte konzentrieren, und ihre Nation von nun an, ein für alle Mal, von jedem Anreiz, zur Bereinigung von Konflikten, zum Mittel der kriegerischen Auseinandersetzung zu greifen, Abstand nimmt!

Jeder Gedanke an ein erneutes Kriegsabenteuer sollte ihnen, das heißt *jedem* deutschen Volksgenossen, zukünftig leid sein - auf solche Weise können sie zum segensreichen Vorbild für die gesamte Menschheit mutieren!

27 - Die wahre Aufgabe der deutschen Bürger

Vertrauen in Gott sollte jeder haben! **Er** verlässt niemanden, wenn er/sie sich an Ihn voller Zuversicht wendet. In diesem Sinne beurteilt auch die gegenwärtigen Weltverhältnisse, welche, weiter zu gestalten, nun eurer Obhut unterliegen.
Betrachtet diesen Umstand zuvorderst als eine Chance für Neues - und Gutes!
Achtet daher zunächst darauf, dass eure Wünsche frei von Anhaftungen jeglicher Art sind. Gemäß der göttlichen Vorsehung für das deutsche Volk benehmt euch anständig, vornehm, vergebend, edel gesonnen und strebt nach Weitblick.

"*Damit* kommt man aber kaum voran", mag nun der beharrlich sich immer noch mit Größe, Macht und äußerem Glanz Identifizierende, auch vor Gewaltanwendung nicht Zurück-schreckende, entgegenhalten.

Hier muss unbedingt ein gründliches Umdenken stattfinden!
Deutschland liegt im Herzen eines Kontinents, der zur zivilisatorischen und kulturellen Entwicklung der Menschheit maßgeblich beigetragen hat. Allein - dieser Kontinent hat seinen Zenit, auch des globalen Einflusses, überschritten..!
Man beachte das!
Deutschland - im Zentrum Europas - ist eine ungeheure seelisch-geistige Arbeit vom Herrn zubemessen worden. Wundert es deshalb, dass dem Deutschen ein Gemüt, eine Gesinnung zu eigen ist, welcher benachbarte Völker relativ verständnislos gegenüberstehen?
Die geografische Lage korreliert mit der einzigartigen, speziellen Fügung Gottes für dieses Volk. Doch dies nutzt wenig, wenn es nicht entsprechend lebt. Nun, ein Irrtum, begangen in Unkenntnis der wahren Lage, wird natürlich nicht so schwerwiegend bewertet, wie eine falsche Handlung trotz besseren Wissens.
Weil das oben genannte "besondere Gemüt" (welches man vielleicht als eine seelisch-geistige Haltung, etwas Erlebtes zu interpretieren definieren könnte) tief im Volkscharakter eingebettet liegt, bräuchte der Deutsche eigentlich nur immer intuitiv zu handeln, um ein segensspendender Bannerträger für die ganze Erdenwelt zu sein.

Allerdings: Verschiedene Fehler und Unzulänglichkeiten gibt es überall - in jeder Nation, in jedem Menschen...

Mehrmals hat Gott zugelassen, dass die Volksgemeinschaft der Deutschen die Rückwirkungen seiner falschen Handlungen, infolge Abweichens von seiner eigentlichen Mission, am eigenen "Leibe" hart zu spüren bekam.
Oh ja..!
Nun also die Probe aufs Exempel, ob sie noch einmal zu einem selbständigen Staatswesen erstehen wird. So, "mit dem Rücken zur Wand", ist es allerdings eine unabdingbare Voraussetzung, sich, im des Öfteren schon genannten Sinne, neu zu definieren!
Geschähe solches, wäre einem wiedererstehenden Deutschland sogar eine besonders einzigartige Zukunft beschert!
Ansonsten, lässt man sich nochmals von seinen, per Intuition erkennbaren, Zielen ablenken - und sei dies auch noch so verlockend - wäre es, in der Tat, sehr schlecht um die Wiedergewinnung eines souveränen deutschen Eigenlandes bestellt. Niemand lasse sich dabei durch den eventuellen Einwand irritieren, dass es um Deutschland geschehen wäre, wenn es nicht äußerlich mächtig dastehe.
Seid versichert - kein Nachbar wird je ein Deutschland angreifen oder gar vernichten wollen, wenn dieses sich seiner ureigenst von Gott gestellten Aufgabe bewusst bleibt. Das Deutschtum war, und wird, nämlich von seinen Nachbarländern für seine charakteristischen Eigenschaften hoch geschätzt. **So es diese auch friedlich und gottbestimmt verwirklicht**, werden die anderen Staaten einsehen, wie wichtig und förderlich der gesicherte Bestand dieses Staates für sie ist.

Verbitterte, vergrämte und hasserfüllte Naturen unter den Deutschen werden möglicherweise höhnen, dass doch die anderen Nationen mit Reformen bei sich selbst beginnen sollen..!

Indes: Lasst die anderen mal ihre Probleme selbst lösen! Jeder arbeite zuerst an sich persönlich, schaue auf sein eigenes Werk und Geschick! [1] Warum "den Splitter im Auge seines Bruders monieren - und den Balken im eigenen übersehen"? [2] Normalerweise dürfte euch - eben gerade wegen eurer besonderen Berufung von Seiten Gottes -, durch euer spezielles Gemüt, die Verbesserung eigener Schwächen leichter fallen als anderen.

23

Gewiss wird es immer noch beharrliche Revisionisten geben (das Deutsche Reich hat ja am Ende der Weltkriege jeweils *bedingungslos* kapitulieren müssen, weil es seine Bemühungen zu weit getrieben hatte und sich folglich hoffnungslos in eine Sackgasse manövriert befand), welche - manchmal nicht zu unrecht - darauf verweisen, dass andere Nationen absolut vergleichbare Fehler, die man nun explizit den Deutschen vorwirft, in ihrer Historie auch schon begangen hatten.
Doch das haben jene auch selbst zu verantworten - nicht ihr!
Oder meint ihr etwa, ihr könntet gegen göttliche Gebote legitimerweise deshalb verstoßen, weil andere (Nationen) diese ja auch verletzt hätten?!
So funktioniert das nicht!
Dass den Deutschen nicht gelang, was andere Völker (von eher unedlen Motiven angetrieben) erfolgreich durchführten, sollte euch eher dankbar stimmen - denn nur so konnte die deutsche Seele gerettet und erhalten bleiben. Dankt eurem Schöpfer für das Scheitern früherer deutscher Kolonial-, Hegemonial-, ja, Weltherrschaftspläne..!
Jedem Einsichtigen müsste es doch auffallen, dass [seit der Reichsgründung im Jahre 1871] den Deutschen bei sämtlichen Kriegen immer nur alles beinahe, nie indes abschließend ganz gelang! So - mit immer wieder neuen Chancen und Gelegenheiten - leitet Gott aber nur ein Volk in dessen Charaktereigenschaften Er grundsätzlich vertraut, denn der belassene freie Wille ist ja die Grundvoraussetzung für eine selbständig errungene Vollkommenheit der Seele.

Eine Schwäche des Deutschen ist, dass er sich zu leicht selbst bemitleidet - freilich auch ein Ausfluss seines besonderen Gemüts (wie schon hinlänglich erwähnt), was eine gesteigerte Sensitivität mit sich bringt...
Das, was nun geschehen ist, lässt sich nicht mehr ändern - ihr müsst euch, wohl oder übel, mit dem Verlust des deutschen Ostraums und der momentanen Aufteilung in Besatzungszonen durch die Siegermächte abfinden.
Ihr habt zwar die besondere Begnadung von Gott, doch kümmert Er sich nicht nur um die Deutschen, im Sinne eines imperativen Exklusivrechtes, sondern ist der Gott *aller* Menschen und Völker, welche zum Teil ebenfalls schwer gelitten haben!

Zu leicht verharrt ihr in der "Froschperspektive" - um die Dinge besser beurteilen zu können, müsst ihr euch (seelisch) erheben! Lasst euch, liebe Landsleute, die Versicherung, dass Gott euch eine besondere Bestimmung zugedacht hat (was ja bisher stets kaum die gebührende Beachtung fand!), bloß nicht zu Kopfe steigen und euch entsprechend verleiten! Stolz und Arroganz ist eine Schwäche des deutschen Volks-Charakters, welche allzu leicht zum Hochmut geneigt macht.

Doch: Wer (zu) hoch steigt, fällt auch tief..! [3]

Überlasst die (übrigen) Weltverhältnisse im Ganzen besehen Gott - der sie, in letzter Konsequenz, in Seinem Sinne obwaltet. Gott lenkt nur und lässt zu, was absolut notwendig ist, damit alle Individuen und deren Nationen ihre ihnen gesteckten Ziele erreichen können; sie schlussendlich ihrer Vorsehung folgen und sich die Dinge zum Besseren entwickeln.

Er bedient Sich hierzu derer, die davon garnichts ahnen indirekt Seine Werkzeuge zu sein - und aller Willigen am guten Werk.

Fehlt in der Phalanx der letztgenannten nicht! **Das** sei euer Bestreben!

Vergesst nicht, dass es außer dem persönlichen Schicksal auch noch Fügungen an Vereinigungen, Nationen, Völkern und Rassen gibt, deren Handlungen alle gemäß dem göttlichen Vollendungsplan gelenkt und geleitet werden müssen.

Seid nicht verängstigt durch Ankündigungen bevorstehender Katastrophen.

Solche werden zwar kommen - aber ihr, die ihr euren Gott gefunden habt und innerlich erlebt, braucht nichts zu fürchten! Entweder werdet ihr im Gefolge vorgenannter Katastrophen so abberufen, dass ihr deren Schrecknisse garnicht erst kennenlernt oder aber ihr seid so beschützt, dass sämtliche Übel euch nichts wirklich anhaben können.

Euer Tun dabei sei allein: Glaubt an Gott!

Nein, mehr noch: Vertraut auf Gott!

Und noch mehr: **Erlebt** euren Gott! - Und nichts kann euch geschehen...

Manche mögen es als einen Mangel, ja, ein schweres Versäumnis meinerseits kritisieren, dass ich so wenig über jene sage, welche sich als potenzielle Ruhestörer der Welt produzieren. Nun, denkt ihr denn tatsächlich, jene Diktatoren und Potentaten könnten und dürften ein solche Rolle spielen, wenn nicht alles im Rahmen der übergeordneten Entwicklungs- und Entfaltungspläne Gottes läge? Noch nie ist es einem menschlichen Politiker, Herrscher oder Despoten gelungen, sich den gesamten Erdkreis völlig untertan zu machen - und dies wird, seid versichert, auch niemals geschehen!

Mag die Welt auch unter dem Machteinfluss des Bösen liegen [4], gibt es indes nur einen über alles mächtigen und legitimierten Herrn der Herren und König der Könige - Jesus Christus. [5]

Eine Menschen-Union kann nur zustande kommen, wenn jedem Volk die Entfaltung seiner typischen Charaktereigenschaften (im Rahmen seiner geografischen Lage und Umgebung) eingeräumt und immer nur zur *freiwilligen* Mitarbeit am Geschick der Erdvölker herangezogen wird; das heißt der eigene, individuelle Entwicklungswunsch - als Selbstverständlichkeit - belassen bleibt. Das deutsche Volkstum sollte sich nicht (elitär) absondern, sondern im Sinne einer wahren Zusammenarbeit *gleichberechtigter* Partner wirken.

Indes - in puncto Teamfähigkeit ist eine Schwäche der Deutschen berührt..! Ihm scheint es durchaus schwer zu fallen, zu kooperieren. Entweder beugt man sich fast willenlos (zum Beispiel einem demagogischen "Führer") oder man ist geneigt (gegenüber Individuen, als auch anderen Nationen) den eigenen Willen stets *komplett* durchsetzen zu wollen. So kann das aber unmöglich klappen! Wahre Kooperation ist nicht die Intention, etwas zu erzwingen - nicht herrisches Nehmen, respektive gönnerisches Geben (von "oben herab")!

Das in Aussicht gestellte neu erstehende Deutschland beherzige diese Wahrheit getreu, wenn es künftig segensreich positioniert sein und agieren will!

Was wird nun mit den anderen Nationen, mag gefragt werden...

Dies überlasst getrost dem Herrn!

Manche besagter Völker machen schon jetzt denselben oder einen ähnlichen Fehler wie das ehemalige, untergegangene Deutsche Reich. Sie scheinen aus der Geschichte absolut nichts, oder zumindest nicht viel, gelernt zu haben [6] - es macht geradezu den Eindruck, als *wollten* sie dies auch nicht!

Doch, seid froh - das Geschick solch widerborstiger Nationen geht euch nichts an. Kümmert euch vielmehr um euch selbst; denkt

über euch nach und arbeitet an *euren* Fehlern zur steten Verbesserung und Vervollkommnung der gegebenen Anlagen.
Sammelt alle Kräfte - auch seelische und geistige - für die Vision eines geeinten Deutschlands!
Seid nicht entmutigt, wenn dieserhalb die politische Entwicklung und Gemengelage zeitweilig auch mal so sein sollte [7], dass sie manchmal gar hoffnungslos erscheinen will.

^ Besatzungszonen ab 1945

Indes: Immer wieder wird sich alles dahingehend klären, dass es doch noch ein geeintes Deutschland, als Heim des deutschen Volkstums im Herzen Europas, geben wird.
Seltsam und kurios mögen dabei manchmal die Wege sein, über welche das Schicksal (besser gesagt natürlich **Gott** - denn liegt alles andere als "zufälliges", blindes Walten vor!) die Neugestaltung des deutschen Volkstums bewerkstelligen wird.
Lasst euch durch nichts beirren! Es wird geschehen - seid dessen gewiss! [8]

Noch etwas: Das deutsche Volk ist das erste gewesen, welches, bei dem zur Zeit vor sich gehenden umfassenden, großen

Reinigungsprozess der gesamten Menschheit, zur Rechenschaft gezogen wurde.

Nun muss man aber dringend ein individuelles Einzelschicksal vom Kehraus gegenüber einer Nation differenzieren! Einzelne sind nicht von Gott verworfen oder hinweggefegt, wenn sie in den unübersichtlichen Kriegswirren ein hartes, auch oft entschieden ungerechtes, Los traf..!

Niemand sollte sich hier eine Beurteilung, ja, **Ver**urteilung anmaßen! Ihr kennt das Wort des Herrn Jesus dazu, welches ich - in ähnlichem Zusammenhang, in einem vorherigen Kapitel - schon einmal erwähnt hatte: "Richtet nicht, auf das ihr nicht gerichtet werdet!" [9]

Bezüglich des deutschen Volkes kann also konstatiert werden, dass es seine "Hauptprüfung" nun hinter sich hat. Wenn auch gelegentliche Nachwehen oder Folgeprüfungen unvermeidlich sind (denn erprobt wird oft - auch ohne, dass man dies immer bemerkt), so werden diese jedoch nie mehr der erdrückenden Gewalt und Wucht gleichkommen, welche dem gesamten deutschen Volk schon zur Auslese zubemessen worden ist.

Es ist, fürwahr, im Feuer zweier Weltkriege der intensiven Läuterung eines Glutofens hinlänglich unterzogen worden! Nun erfolgen Prüfungen von denen Deutschland nicht mehr direkt betroffen ist; es sei denn, es mische sich in entstehende Konflikte ein - wovon allerdings in der Regel abzuraten ist, denn der (Wieder-)Aufstieg eines anderen Deutschlands ist absolut gewiss. Es bedarf keines leidenschaftlichen Engagements seitens der Deutschen in die internationale Weltpolitik, um ihr erstrebtes Ziel zu erwirken, beziehungsweise zu beflügeln - es sei denn, die Umstände würden dies, gleich einer Führung in diese Richtung, bedingen oder gar erfordern.

Die alte Heimat [10] befindet sich zur Zeit in einem Zustand der Auslese. Die wertvollsten, geeignetsten Menschen für einen nochmaligen Aufbau der Heimstätte eines Volkstums, mit welchem Gott noch so einiges vorhat, werden sich allmählich, wie von selbst, kristallisieren. Die bedauernswerte Lage der Verarmung, ja, Verelendung erzieht die Einsichtigen zu jener wahren Demut, die allein zu Gott führt und zugänglich macht für seine Belehrungen, Mahnungen, seine Führung.

Wahre Demut trachtet nie danach, etwas von jemandem zu erzwingen, sondern versteht es, sich in Geduld zu üben. Kurz: Das deutsche Volk wird, um zur Staatseinheit zurückzufinden, das *Warten* lernen müssen!

Möchte man sich ernsthaft und gedeihlich der göttlichen Lenkung überstellen, sollte dem Prinzip, alle müssten sich an, vom Deutschtum bestimmten, fest gefügten, determinierten Vorstellungen orientieren, gründlich abgeschworen werden! Der "sture, unverbesserliche Bock", der "mit seinem Dickschädel durch die Wand will", hat hier nichts verloren..!

Mit Bescheidenheit verbinde man Vertrauen gleichzeitig mit Geduld. Es wird vielleicht überraschen, wie oft der Zeitverlauf sich, wie ein williger Diener, für erhoffte Ziele einspannen lässt, indem sich manchmal, scheinbar wie von selbst, alles so gestaltet, wie man es sich innerlich ersehnte (hierbei wende man natürlich Unterscheidungsvermögen an - ich rufe nicht zu generalisiertem "Däumchendrehen" in sämtlichen Belangen allgemeinen Lebens auf!).

Gerade Ungeduld, und der Ehrgeiz im Weltgeschehen die Weichen eigenmächtig, nach eigenem Gutdünken, stellen zu wollen, hat viele der kapitalen Fehlschläge eingetragen, unter deren Folgen jetzt fast hundert Millionen Menschen in Mitteleuropa - oftmals gänzlich unschuldig - zu leiden haben.

Nun also steht das deutsche Volk in seiner Gesamtheit (und dabei sind durchaus auch die Österreicher mit einbezogen) an der Schwelle einer ganz neuen, ungemein wichtigen, Epoche. Hat es nichts aus seiner Vergangenheit gelernt, kann ihm nicht mehr geholfen werden.

Was zu tun ist, habe ich schon des Öfteren, fast gebetsmühlenartig, wiederholt: Es soll - im geografischen Herzen der Kulturgebiete Europas liegend - sich auf seine wahre, ihm von Gott übertragene, Aufgabe konzentrieren!

Die Besinnung eines ganzen Volkskörpers ist natürlich nur möglich, wenn jeder Einzelne an sich zu arbeiten beginnt.

Verständlich: Auch unser physischer Leib bedarf, bezüglich seiner Gesundheit, des reibungslosen Zusammenspiels seiner Zellen - entarten jene, kann dies zu Krebs führen und letztlich, gegebenenfalls, zum Untergang des (gesamtkörperlichen) physischen Lebens.

Fahrt willig und beflissen fort, einander zu helfen und eure Bürden gegenseitig zu erleichtern – wozu, kurz nach Kriegsschluss, Not und Elend vielleicht einfach nur gezwungen haben mögen.
Verbleibt nicht wieder nur im Kreisen um euch selbst!
Lernt, die Ansichten und Auffassungen anderer Menschen gelten zu lassen! Versucht nie mehr eure Meinung, was "richtig" sei, anderen überstülpen, aufoktroyieren, zu wollen!
Kann man einer Sache etwa durchaus nicht zustimmen, so überlasst alles vertrauensvoll Gott; nehme sich also nicht heraus, seinen Nächsten oder Nachbarn, oder wer immer es sei, wegen einer divergierenden Meinung zu verachten, zu diskriminieren oder gar zu verfolgen.

Seid vielmehr angesprochen, euch zu den Lehren der wahren Ur-Religion vorzutasten, um damit "Religion", das heißt "Rück-verbindung" [11] im ursprünglichsten Sinn des Wortes, wirklich zu *erleben* - ganz gleich, von welcher gegebenenfalls bestehenden konfessionellen Bindung ihr startet.
Nur so könnt ihr zu **Tätern** des Wortes werden - dieses in Leben umsetzen!
Werdet euch bewusst, dass sich all unser Tun und Lassen in der von Gott geschaffenen Umwelt abspielt und wir infolgedessen beständig von Seinem Walten und Wirken umgeben sind.
Ändert, erneuert - über jeden einzelnen Bürger - nach der Wiedervereinigung zu einem nochmaligen geschlossenen Staatswesen, in diesem Sinne das Denken und Bestreben der ganzen deutschen Volksgemeinschaft, um der von Gott vorgesehenen Aufgabe wirklich gerecht werden, das heißt sie in die Tat umsetzen zu können.

Bis dahin schließe jeder das Wiedererstehen eines jetzt noch utopisch anmutenden, harmonischen deutschen Gesamtstaates in sein tägliches Gebet ein - einer Nation, welche sich den Frieden, seelisches Erwachen und geistige Entfaltung all jener Kräfte im Volkstumswesen "auf die Fahnen geschrieben hat", die, durch gewonnene Erkenntnisse, zu einer Verbesserung der Verhältnisse beitragen!
Lacht bitte nicht über meinen durchaus ernst gemeinten Vorschlag...

Gebete vieler, an Gott adressiert - nicht nur mit Worten, sondern parallel dazu auch aus tief empfindenden, sehnsüchtig wünschenden Herzensgrunde - können Wunder vollbringen!
Sammelt euch nicht nur in Gesangs-, Turn- und Unterhaltungsvereinen!
Es wäre sehr erstrebenswert, wenn sich - gemeinschaftliches - Meditieren und Beten für die Wiedervereinigung, und später, wenn jene erfolgt ist, für die richtige Leitung dieses Staatsgefüges durch göttliche Erleuchtung der leitenden Männer und Frauen, zu einer ständigen Gepflogenheit etablieren würde.

Nochmal: Lernt derweil gründlichst (initial durch die Umstände gezwungen) euch gegenseitig zu helfen; neidlos miteinander zu arbeiten. Übt euch darin, an Gott nicht nur zu *denken* (was natürlich schon mal sehr gut wäre), sondern Seiner ständig bewusst zu sein..!
Wendet euch vertrauensvoll an Ihn, bittet aus tiefstem Herzen, mit einer Innigkeit, welche ihr wie einen warmen Strom in eurer Seele empfindet, dass Er Sich eurer Situation annehmen möge.
Ihr werdet erstaunt feststellen, wie oft, wundersam plötzlich, Umstände in Erscheinung treten können, welche eure Verhältnisse bessern werden - und das zuweilen durch Ereignisse, an die ihr nie und nimmer gedacht haben mögt..!
Um solches zu erlangen, achtet streng darauf, die Unsitte zu vermeiden, eure Gebete zu einem bloßen - völlig uneffektiven, ja, unwirksamen - "heruntergeleierten" Lippengemurmel verflachen zu lassen!
Nicht wegen vieler Worte werdet ihr erhört werden..! [12]

28 - Weitere Hinweise für den Deutschstämmigen

Was meint ihr wohl, wie das riesige, große Erlösungswerk Gottes in Seiner Schöpfung durchgeführt werden könnte, wenn Er nicht unermessliche, übermenschliche Geduld beweisen würde?
Ihr solltet euch dies, bei dem Problem, welches euch heute alle so beschäftigt, nämlich dem eures Lebens, zum Vorbild wählen!
Was erreicht ihr denn mit eurer Ungeduld, mit euren Anklagen gegen jedermann; nur - allzu häufig - nicht gegen euch selbst?
Wie oft wird der Splitter im Auge des Nächsten entdeckt, der Balken im eigenen indes geflissentlich übersehen. [1] Es ist ja klar: Mit einem Brett vorm Kopf ist der Horizont begrenzt!

Seht ihr denn immer noch nicht ein, dass ihr alle - mehr oder weniger - mitschuldig seid?
Das mag hart klingen; muss es auch, damit ihr auf die volle Einsicht in die Ursache eurer gegenwärtigen Lage gestoßen werdet, um daraus die einzig richtigen Folgerungen für euch selbst ziehen zu können.
Denkt allgelegentlich über euer eigenes Tun und Lassen während der letzten zwei Jahrzehnte nach! [2]
Ihr glaubtet, einer angeblich großen Sache zu dienen - Ariertum, Superrasse; das hörte sich ja prima an...
Aber - ohh und ach..!
War euer zugrundeliegendes Motiv wirklich sooo rein??!
War es nicht vielmehr Ausdruck eines gewissen Egoismus und Narzissmus; mit dabei sein zu wollen, wenn sich eine besonders privilegierte, elitäre Kaste herausbilden sollte, die euch, im Falle eures Dazu-Gehörens, exklusive Vorteile bieten würde..?
Seid wirklich ehrlich mit euch selbst!
Und... - wart ihr immer fest in eurer Gesinnung, wart ihr wirklich bereit, voll und ganz für das einzutreten, wofür ihr euch erklärt hattet? Oder wart ihr vielmehr schnell darin, sofort eure Ansicht zu revidieren, "euer Fähnchen in den Wind zu hängen", sobald sich die Lage zu ändern begann und ihr bemerktet, sicherer auf der anderen Seite zu sein?
Das ist - und soll - kein abgehobener Vorwurf sein! Ihr seid auch nur Menschen!

Aber ihr müsst euch selbst einmal genau kennenlernen!
Ihr seid nicht schlechter als der Rest der Menschheit; doch euch fehlt noch mancherlei an innerlicher Erkenntnis und Größe für wirkliche Zusammenarbeit! Ihr schwankt zu oft und entpuppt euch öfters als Gelegenheitshascher!
Außerdem fehlt zuweilen der Blick fürs große Ganze auf der Welt!

Ihr benehmt euch wie "Wunschmenschen", die alles so erwarten, wie sie es gerne hätten und sich vorstellen, dass es auf der Welt sein sollte; eurer Meinung nach sein müsste - ohne den Blick für das breite Spektrum der Möglichkeiten zu haben, die auf dieser Erde vorkommen können!
Erinnert euch an das reichlich im Umlauf gewesene Sprichwort:

"Am deutschen Wesen,
soll die Welt genesen".

Befleißigt euch zuweilen der Mühe, darüber nachzudenken, was dieses "deutsche Wesen" nun wohl eigentlich wirklich sein könnte, ja - optimalerweise - sogar sein *sollte*..!
Entging es euch bislang nicht gründlich, dass das wahre deutsche Wesen, an dem die Welt angeblich einmal genesen mag, nicht in einer Wunschwelt besteht, sondern in einer Vergeistigung und Verinnerlichung, welche nichts mit rein irdischem Glanz zu tun hat..?!

Erkennt den Schatz, der in eurem Herzen an Gefühl, an Verstehen, an Verzeihen, an Anteilnahme am Geschick anderer ruht! Erkennt es doch bloß und euer Schicksal wird sich völlig ändern!
Nicht äußerliches Beherrschen von eroberten Gebieten ist die Aufgabe eures wahren Wesens, sondern das Durchdringen allen menschlichen Strebens mit seelischer Anteilnahme und geistigem Verständnis; das ist es, wofür ihr ausersehen seid, der Welt zu dienen und zu geben. Es sei also euer Ziel und Ansporn, das gesamte Streben der Menschheit *in diese Richtung* zu lenken..!

Die Frage mag hierbei auftauchen: "Ja, aber was sollen wir denn jetzt tun - und wie..?!"

Nun - seid einfach nur ihr selbst!

Wo immer sich Gelegenheit bietet, zeigt Anteilnahme und Bereitschaft zur Zusammenarbeit; unterdrückt euer Absonderungsverhalten im Verlangen gerne lediglich eigene Zielsetzungen zu verfolgen und lasst stattdem eure Seele für wahres Miteinander erwachen.

Überlasst eure Weltbrüder und -schwestern nicht einfach ihrem Schicksal in der gefühlten Meinung: "Ach, was gehen mich jene an..."!

Es ist verständlich, dass sich bei einer Ballung vieler Menschen auf engem Gelände Spannungen einstellen, welche zu rein egoistischen Explosionen führen mögen. [3]
Sorgt euch nicht übermäßig um solche Regungen, denn das ist für einen freiheitsliebenden "Germanen", der gerne "Platz um die Nase herum hat" nur natürlich!

Um *was* ihr euch jedoch sorgen solltet, ist das Gefühl wahrer Anteilnahme am Geschick der Menschheit im Allgemeinen!
Nährt die segensreiche Wurzel wahrer Empathie - und es wird euch, als "Zahnrädchen im Getriebe" einer immer zahlreicher werdenden Bevölkerung, viel besser ergehen. Bemüht euch dies wirklich gründlich zu lernen.
Begreift bitte, dass man, im Interesse des Kollektivs, manchmal auch seine eigenen Ambitionen zurückschrauben muss.
Das ist wahre Nächstenliebe..!
Erinnert euch an das Wort des Apostels Johannes: "Niemand behaupte, Gott zu lieben (den er nicht sehen kann), wenn er zuvor nicht bereit ist, seinen Bruder / seine Schwester, das heißt seinen Mitmenschen, zu lieben (den/die er sehr wohl sehen kann)..!" [4]
Das wäre ansonsten Heuchelei!
Ihr habt dieserhalb auch das Gleichnis Jesu, betreffs der Trennung zwischen "Schafen" und "Böcken" erhalten - denn Gottesdienst ist tatsächlich, das heißt ganz im Besonderen, Dienst am Nächsten! [5]
Sobald solche Liebe von euch, als Ausdruck eures (Volks-) Charakters, gepflegt wird, werdet ihr überrascht sein, wie viel Sonnenschein in euer Leben (zurück) kommen wird.

Vielleicht glaubt ihr vermessenerweise, der "liebe Gott" sei *verpflichtet* den Deutschen zu helfen - so wie auf den Koppeln der Soldaten sich die Einprägung fand "Gott *mit uns*"..?

Bitte schlagt euch das aus den Köpfen!
Gott hat keine exklusiven Verpflichtungen euch gegenüber - wohl aber habt *ihr* eine solche gegenüber *Ihm*, der euch erschaffen hat..!
Habt ihr euch jemals um Gott viele Gedanken gemacht, *bevor* ein Verhängnis über euch hereinbrach?
Dass Gott jene Unbilden zuweilen zulässt, geschieht nicht von ungefähr; nicht etwa aus Rache, sondern weil derjenige, über den die negative Erfahrung einer buchstäblich empfundenen Katastrophe hereingebrochen ist, sich von Ihm zuvor abkehrte, respektive gar losgesagt hat(te)!
Gott *zwingt* niemanden zu seinem Glück - das kann nur eine freiwillige Entscheidung sein!
Wer sich jedoch, nach Durchstehen eines Übels, Gott bewusst (wieder) zuwendet, erfährt sofort eine Wandlung zum Besseren, ja zum Guten..!

Gott ist sehr geduldig - aber es gibt auch eine Grenze, eine "Rote Linie"...
Prüft deshalb jede Facette genau, ehe ihr euch einer Sache annehmt, die auf verschiedenen Ebenen dubios erscheint, beziehungsweise sich als innerlich widersprüchlich erweist!

Besinnt euch, geht in die Meditation; betet aus tiefstem Herzen und bittet um göttliche Führung. Bittet um Erkenntnis und für alles, was ihr in eurem Leben braucht!
Bedenkt: Ihr seid bei diesem, eurem Gebet, ja nicht allein, wenn ihr meine Empfehlung in die Tat umsetzt... Tausende und Abertausende schlössen sich dann dieser Vorgehensweise an, wodurch eine enorme Kraft entstünde! Gebraucht sie richtig! Kommt so der Erleuchtung näher..!
Ebenfalls **handelt** entsprechend eurer Gedanken und Worte - greift euren Nächsten *tatsächlich* hilfreich unter die Arme, anstatt sie durch egoistische Vorteils-Hascherei mehr zu schädigen, als ihnen zu nutzen oder sie im Erreichen ihrer Ziele zu behindern!

Deutschlands Position, seine Bedeutung für die Welt, und mithin sein Ansehen, muss nicht dauerhaft ramponiert bleiben! Kommt dieserhalb einfach zur Einsicht eurer begangenen Fehler; vor allem aber wendet euch *aktiv* dem zu, was dem wahren menschlichen Charakter "Alpha und Omega" sein sollte, weil es seinem Innersten entspricht und Seelen, wie Herzen, nährt - nämlich der Suche nach Gott und Seiner Gnade.

Sobald ihr das wirklich **tut**, werdet ihr erleben, dass die Zeit der Wunder [6] noch lange nicht vorüber ist - und sich auch heutzutage solche ereignen können!

Sollten sich dabei auch diverse Schwierigkeiten verschiedenster Art ergeben, vergesst nicht, dass jene euch nicht in den Weg gelegt werden, um von der Spur der Weiterentwicklung abzudrängen, sondern - im Gegenteil - nur, um, durch Ermunterung zu rechter Anstrengung, darauf zu befestigen!

Wenn ihr das eingesehen habt, stellt euch kein Hindernis mehr eine unüberwindbare Barriere dar, sondern vielmehr Plattform für höhere Reifung.

Manche Leser mögen nun die Frage aufwerfen: "Warum bleibt der Eremit in seinen 'Offenbarungen' so unscharf, so schwammig, und drückt sich nicht präziser aus?"

Eine durchaus berechtigte Frage - auf welche die Antwort aber sehr einfach ist:

- Erstens hat jeder Mensch, aber auch jede Nation, einen freien Willen und

- zweitens würde sich bei einer angeblich detaillierten "Prophezeiung" manches ergeben, was nie einträfe - weil ja eben der freie Wille vorhanden ist, der ganz andere Handlungen zeitigen mag, als man angenommen hatte.

Außerdem möchte ich keine "sich selbst erfüllenden" [7] (negativen) Voraussagen provozieren, denn könnten manche Menschen in geradezu lähmende Angst versetzt werden; vielleicht sogar eine fatalistische oder träge, faule Ergebenheit an den Tag legen, so dass sie ihre Eigen-Initiative einbüßten.

Behaltet "im Hinterkopf", dass jedwede Prophezeiung durch eine Änderung des freien Willens derer, über die prophezeit wird, hinfällig werden kann! Wenngleich sich gewiss die "grobe Linie" einer echten Prophezeiung stets erfüllen wird.

Gott weiß das Geschick von Völkern besser zu lenken als Menschen - seien es lebende oder auch bereits verstorbene; selbst wenn sie von den interessantesten Geistesblitzen durchglüht gewesen sein mochten. Eben der Herrgott allein weiß stets genau, was Er erreicht oder unterlassen haben will..!

Darum offenbare ich in meinen Mitteilungen an euch keine präzisen Zukunftsvisionen; müssen sie allgemein gehaltener Natur bleiben, weil ansonsten die Gefahr erwüchse, gegebenenfalls einen voreingenommenen Komplex in der Seele dafür sensibler Menschen zu kreieren.

Das also ist der Grund, warum ich nur freundlichst rate, aber niemals etwas als absolut bindend darlege. Manche Menschen sind durch angeblich prophetische Direktiven in ihrem freien Willen schon so behindert worden, dass sie - ins "Große Jenseits" hinübergewechselt - glaubten, für lange Zeit immer noch das erleben zu müssen, was in den sogenannten "Prophezeiungen" angekündigt worden war.

Jeder angebliche "Hellseher" übernimmt daher eine enorme Verantwortung für das Seelenheil seines Nächsten und mag - im Falle Missbrauchs - dafür im "Großen Jenseits" einmal selbst schwer leiden müssen.

Wartet deswegen, liebe Leser, alles ab, wie es sich sehr oft im (für euch sowieso fast nicht beeinflussbaren) Weltgetriebe scheinbar von allein gestaltet und ergibt; übt euch vielmehr in der Hinwendung an Gott, welcher euch, insofern ihr euch diesbezüglich bittend an Ihn wendet, schon richtig durch alle Gefahren und Fährnisse führen und leiten wird.

Lasst daher ab von aller politisch motivierten Zukunftsangst!

Vertraut einfach auf Gott, dass ihr, wo auch immer ihr euch befinden mögt, bei Ihm völlig sicher und geborgen seid! Selbst wenn die Dinge (zunächst) anders laufen sollten als erwartet, bleibt Gott doch bei euch, solange ihr Ihm die Treue haltet! Es kann dann einfach nichts geschehen, was **eurer Seele und eurem Geist** irgendwelchen Schaden zuzufügen vermöchte.

Habt ihr euren Gott, so ist selbst eine Atombombe machtlos, indem sie entweder überhaupt nicht zündet oder gegenüber euch einfach wirkungslos bleibt. [8]

Darum sucht, wie Jesus euch unterwies, zuerst nach dem Reich Gottes, denn für alles andere (das heißt auch existenzielle physische Bedürfnisse) ist dann sowieso gesorgt! [9]

Obwohl meine hier gegebenen Hinweise und Ratschlüsse, wie schon erwähnt, nur allgemeiner Natur sein dürfen, lest sie dennoch immer und immer wieder! Sie erhalten mehr Inspirationen, als ihr beim einmaligen schnellen Überfliegen ahnt.

>> *Dem Schriftleiter wurde vom "Eremiten" versprochen, dass er stets mit ihm sein würde, solange er die Prinzipien bewahrend hochhielte, für welche die Zeitschrift "Das Geistige Leben" ursprünglich geschaffen worden war.*
Weil das noch immer der Fall ist (und auch weiter der Fall sein wird), kann durch diese Offenbarungen den Lesern, für jede Lebenslage, noch reichlich nützlicher Rat und Hilfe geboten werden - inklusive des Verständnisses freilich, dass sie, mit ihren Wünschen und Hoffnungen, auch wirklich belehrt sein und sich Gott zuwenden **wollen.**

Glaubt es nur, Gott kann alles für euch tun; euch jeden Wunsch erfüllen, euch beschützen, in was immer für einer Gefahr ihr auch schweben mögt! Doch ihr müsst euch natürlich auch um Schutz an Gott wenden! Folgt den angegebenen Motivationen und ihr habt es nicht nötig, vor der Zukunft Angst zu haben - so finster es auch manchmal am Horizont dräuen mag...

Denkt daran: Ihr müsst an euch selbst arbeiten, **denn Gott hilft nur dem, der sich Mühe gibt**! Wann immer ihr Zeit habt, oder sich eine Gelegenheit dafür eröffnet, laboriert, wenn nötig, an *euren* Fehlern, wenn ihr solche entdecken solltet!
Das Bessern der Verhältnisse muss durch Erkenntnis und Einsicht(igkeit), aus dem Kern heraus, erfolgen! Das tägliche Leben bietet viele Gelegenheiten dazu. Merzt eure Schwächen aus!
Ihr seid ganz und gar nicht von Gott verlassen!
Verlasst *ihr Ihn* nur nicht!
Verehrt Ihn so, wie ihr es, eurer Ansicht nach, für das Beste haltet - sei es in Kirchen, Tempeln, in der Natur oder nur in eurem Herzen, indem ihr in der Meditation oder im Gebet mit Gott sprecht. Behaltet selbst bei eurer alltäglichen Arbeit, und sei sie

auch noch so profan, den allmächtigen Gott in eurem Sinn und wirkt in allem stets zu seiner Ehre [10].

Geht auch am Interesse eurer Mitmenschen nicht achtlos vorbei, übt Feingefühl und Empathie - und alles wird sich zum Positiven wenden!

Deswegen ergeht von mir unermüdlich die wohlmeinende Empfehlung, dass jeder zunächst an seiner individuellen, lebendigen Gottverbindung arbeiten möge - diese zu befestigen, indem er/sie, mit Ihm dieserhalb, so oft wie nur möglich, innige Zwiegespräche hält und sich bemüht, in Sein Wesen einzudringen.

Seid versichert, es ist ein ganz wundersames Gefühl, mit Gott in permanentem Kontakt zu stehen und damit geborgen zu fühlen!

Beherzigten solche Weisung möglichst viele, so würde - verständlicherweise - schließlich das Leben des gesamten Volkskörpers geändert werden und dadurch zur wahren geistigen Weltgröße heranwachsen, respektive zurückfinden!

Überlasst die Sorgen, die Mühsale, Ränkespiele und Machenschaften, welche mit einer politischen Weltherrschaft verbunden sind, getrost denen, die sich danach drängen!

Ihr habt einer weit größeren Aufgabe zum Ziel zu dienen - könnt das aber nur dann recht tun, wenn ihr keine provozierenden Streitigkeiten führt, sondern euch auf euren Gott besinnt, euch ganz auf Ihn verlasst, mit Ihm, seelisch und geistig, innig verknüpft.

Keine Weltmacht kann euch dann etwas anhaben!

Verinnerlichung und Vergeistigung!

Das Beste ist, dass ihr dabei (man möchte beinahe sagen "leider") keinen Konkurrenten haben werdet! Ja, dieses Feld gehört euch fast allein, weil sich nur wenige bewusst, diszipliniert und mit einer subtilen, zarten Liebe um jene Bereiche kümmern. Die meisten Menschen wüssten gar nichts damit anzufangen..!

Mit der Neujustierung eurer Prioritäten setzt ihr das Reich Gottes an die erste Stelle - und siehe, es wird in eurer Mitte sein und alles andere wird euch ganz von allein zufallen! [9]

Was wolltet ihr, mit *wahrem* Gewinn, für eure Seelen nach *äußeren* Werten, *äußerem, schnödem* Mammon an Geld und diversem materiellen Besitz streben - und damit doch nur eine innere Verarmung befestigen?

Nein! Nicht so..! Kultiviert vielmehr euren *inneren* Reichtum!

Besinnt und konzentriert euch, mit Mut und Dankbarkeit, wieder auf eure wahren Talente und Gaben. Seid Gott dankbar dafür, denn der Weg der Seelenreifung, hin zur Geistigen Wiedergeburt, wird dadurch sehr erleichtert und mithin auch verkürzt.

Beachtet nur ruhig das hier Gesagte!
Es kommt von jemandem, einst selbst Bürger Deutschlands, dem es vergönnt war, einen Weg zur Vollendung einzuschlagen, der nur ganz wenigen (jedoch Vertretern aller Nationalitäten, denn Gott ist nicht parteiisch [11]) zugänglich ist!
Glaubt mir, dass ich nur euer Bestes will!
Folgt den Empfehlungen eures "Eremiten", die nachdrücklich gegeben, aber nicht aufgedrängt sind. Belassen stets der freie Wille - als kostbarstes Geschenk des Himmels.
Indes, sucht eure Schicksalserfüllung ganz ausschließlich nur in Gott und durch Gott! Bitte, tut das in eurem eigenen Interesse - setzt nicht auf euren eigenen Verstand, wie dies der weise König Salomon schon zu raten wusste:

"Vertraue auf Jahwe [Gott] mit deinem ganzen Herzen,
und stütze dich nicht auf deinen eigenen Verstand.
Beachte **Ihn** auf all deinen Wegen,
und **Er** selbst wird deine Pfade gerademachen.
Werde nicht weise in deinen eigenen Augen,
sondern fürchte Gott und weiche vom Bösen." [12]

Warum *bitte* ich euch so eindringlich und inständig?

Weil derjenige, welcher euch das offenbart, weiter - *viel* weiter - sieht als ihr, die euch noch euer Erdenkleid umschließt...

Es ist ihm - also mir - nicht vergönnt, euch mehr mitzuteilen; doch auf eines kann, und darf, ich euch nach den strengen Regeln, denen ich mich freiwillig unterworfen habe, aufmerksam machen: Nämlich auf den oben erwähnten, allein richtigen Weg für euch!
Entsagt bewusst allem Bestreben nach äußerer Weltherrschaft - sonst droht euch ein desaströses Schicksal, welches ich nicht benennen will..! Hütet euch ebenfalls vor unausbalanciertem Überbetonen selbst gesteckter Ziele (im Sinne eines eigenwilligen Abweichens vom göttlichen "Programm"), welche dann, unter anderem, in eine gefährliche Geringschätzung und/oder

Rücksichtslosigkeit gegen andere Völker und Rassen münden können!
Das, was im sogenannten "Dritten Reich" an Abscheulichkeiten verbrochen worden ist, geschehe nie, nie mehr..!!

Schließlich noch etwas:
Bekämpft und behindert euch nicht, sondern helft, unterstützt! Gönnt einander eure Freiräume und greift jedem bereitwillig und gerne unter die Arme, der um seine (bedrohte) Existenz ringt. Wenn ihr das tut, und meine, in allerbester Absicht und Gesinnung gegebenen, Ratschläge befolgt, dann seid versichert: Eine neue, lichtvolle Zukunft steht euch bevor!

Seht *selbst* zu, beständige Achtsamkeit zu entwickeln, weil es sein kann, dass diese Offenbarungen, für eine Weile, abermals unterbrochen werden müssen. Warum das notwendig ist, kann hier nicht erläutert werden, da ihr es doch nicht begreifen würdet - doch es mag sein, dass es etwas mit Vorgängen auf eurer Erde zu tun hat.
Lest darum, alternativ, gegebenenfalls das bereits Mitgeteilte von Zeit zu Zeit durch! Weil die Weltverhältnisse, mitsamt eurer persönlichen Wenigkeit, in einem permanenten Veränderungs- prozess befindlich sind, ergibt es sich bisweilen, dass, unter Anwendung eines angepassten Blickwinkels, aus scheinbar Altem immer wieder auch Neues geschöpft werden kann...

Der Erörterung der Eigenart(en) des deutschstämmigen Volkstums ist hiermit, des Langen und des Breiten, Genüge getan. Handelt gemäß eurer Bestimmung und ihr werdet Bestand und Segen erlangen...

41

29 - Nukleare Bedrohung und kosmische Phänomene

Vielfach kochen mannigfaltige Befürchtungen hoch, dass durch irgendein Unglück oder experimentelles Missgeschick bei der Handhabung der Atomkraft die ganze Erde zerstört werden könnte.

Keine Bange - solches wird nie eintreten!

Dessen seid versichert!

Allerdings ist es, aufgrund des freien Willens der Menschen, möglich, dass sich räumlich begrenzte Katastrophen (infolge unkontrollierbarer Atom-Unfälle, Gewalteinwirkungen oder durch Kampfmittel-Einsätze) abspielen mögen; dass jedoch, vermittels einer nicht mehr aufzuhaltenden Kettenreaktion der Atomkraft, die ganze Erde zerstört werden könnte, ist nicht möglich!

Warum nicht?

Weil die Natur selbst dabei "ein Wort mitzusprechen hat".

Mag man es glauben oder nicht: Tatsache ist und bleibt es aber doch, dass im Naturgeschehen ein Gesetz obwaltet, dass sich, in einem bestimmten Stadium der Auswirkung, jeder Kraft eine Gegenreaktion widersetzt.

Wir sehen das deutlich bei den frei vorhandenen, natürlichen Giften (nicht den menschlichen, chemisch zusammengestellten, synthetischen Giftstoffen), dass sich irgendwo in derselben Natur ein Gegengift vorfindet - sei es in Form einer Heilpflanze oder eines Anti-Toxins.

Vergleichbares ist auch beim Aufbau der Atome im Kosmos der Fall.

Es besteht nämlich im Atom selbst eine Art "Bremsvorrichtung", welche aber wissenschaftlich bisher noch nicht entdeckt worden ist. Diese kann nur im Zusammenhang mit dem weiteren Erforschen der Beschaffenheit der kosmischen Strahlen eruiert werden. Letztere bergen außerdem noch weitere, ganz ungeheuerliche Geheimnisse, die, im vollen Umfang, vielleicht überhaupt niemals von irdischen Wissenschaftlern je verstanden und aufgedeckt werden...

Im Gefolge der aktuellen Kernzertrümmerungs-Experimente mag man zwar noch auf Verschiedenes stoßen, was den Physikern merkwürdig genug anmuten wird - doch erst beim wirklich eingehenden Unter-die-Lupe-nehmen der *kosmischen Strahlung* wird man auf etwas noch gänzlich unvermutet Neuartiges stoßen, das man anfangs (in Ermangelung einer besseren Terminologie) als "Superatom" bezeichnen könnte.

Dieses "Superatom" wird die wissenschaftliche Arbeit hochwahrscheinlich in eine neue, andere Richtung bugsieren, sodass die Entdeckung der "Bremsvorrichtung" gegen die Kettenreaktion der Atomkraft den Physikern noch für längere Zeit entgeht.

Auch das Geheimnis der ungeheuren, fixierten Verknüpfung von Elektronen und Protonen an ihren Atomkern, wird noch lange nicht gelüftet werden können. Man wird zwar etwas im Atom entdecken, welches Protonen und Elektronen scheinbar an den Kern bindet; doch das ist mitnichten - nicht im Entferntesten! - die wirkliche atomare Kohäsionskraft..!

Beim Thema Kernspaltungsenergie sei noch auf etwas anderes aufmerksam gemacht:

In der Gestalt des Atoms (mit dem die Physiker heute experimentieren) haben sie durchaus noch nicht das eigentliche *"Ur-Atom"* gefunden! [1] Dieses ruht nämlich in einem Bereich, den man bereits als transzendental [2] bezeichnen kann.

Es wird deswegen auch kaum mit irdischen Instrumenten oder mit den menschlichen Sinnen erfasst und somit letztendlich auch nicht vom menschlichen Verstand voll begriffen und entschlüsselt werden - außer man gäbe zu, dass es in der Natur noch andere Zustände als nur den festen, flüssigen, feurigen und gasförmigen gibt.

Und das ist auch der Fall!

Man ahnt es zumindest bereits...

In Wirklichkeit ließ die Liste der Aggregatszustände sich noch schier beliebig fortsetzen, von denen jedoch höchstens ein bis zwei noch als feststofflich-materiell bezeichnet werden können [3], weil sie eben noch in die physische Welt hineinreichen.

Die Wissenschaftler sind bei ihrem rein irdischen Forschen noch nicht zur vollen Erkenntnis gekommen, dass es in der Welt des Kleinen, des Mikrokosmos, ebensowenig eine Grenze gibt, wie in der, des Großen, des Makrokosmos.

Beide sind unbegrenzt - etwas, was dem Menschen zu erfassen, wegen eigener Begrenztheit, nicht möglich ist, nie möglich sein kann/wird...

Die weiter oben schon erwähnte "Bremsvorrichtung" im Atom gegen eine etwa nicht zu bändigende Kettenreaktion beim Erzeugen jener Explosivkraft, wie sie zum Beispiel nach den Abwürfen der Atombomben über Hiroshima und Nagasaki freigesetzt wurde und die nur allzu bekannten, fürchterlichen Zerstörungen hervorrief, unterliegt außerdem auch, und das wird gleichfalls von der Schulwissenschaft heute noch nicht geahnt, geschweige denn begriffen, verfügungsgewaltigen Einflüssen höchster Intelligenz, die - als Helfer Gottes - überall im Weltall tätig sind.

Manche davon haben, als ausführende Faktoren des göttlichen Willens in der Schöpfung, eine ungeheure Machtfülle und sind leichterdings imstande, Kräfte zu bändigen und zu lösen, welche die Atomkraft völlig in den Schatten stellen!

Mit solchen Energiequellen wird aber, Gott sei's gedankt, die irdische Menschheit noch lange nicht in Kontakt kommen.

Bei vorsichtigem Weiterforschen in der Zusammensetzung des "feststofflichen Atoms" mag man allerdings vielleicht allmählich zu Recht darüber spekulieren, dass unter den Atomen, das heißt im Bereich des "Superatoms", der langsame Übergang zu den anderen erwähnten Aggregatzuständen [4] beginnt, die nicht mehr als (diesseitig) materiell bezeichnet werden können.

Mit alternativen Worten: Auf den (hypothetisch gedachten, aber sehr wahrscheinlichen) "Verlängerungslinien" irdischer For-schungstätigkeit liegt das Transzendentale; eine (Hyper-)Rea-lität, welche wir mit unseren gewöhnlichen fünf Sinnen [5] nie vollständig zu erfassen vermögen, weil sie absolut darüber hinauslangt!

So gedacht ist die Atomforschung, zwecks Bereicherung menschlicher Erkenntnis, ungeheuer wertvoll. Das Verständnis für die weiteren elementaren Aggregatzustände (außer den vier [6] irdisch-materiellen) mag vielleicht durch den Umstand erhellt werden, dass solche sehr intensiv mit den von uns so bezeichneten "Dimensionen" verknüpft sind. Tatsächlich stellen diese weiteren Aggregatzustände das Vieldimensionale dar, welches uns die irdischen Mathematiker (als theoretisch vorhanden) auch logisch nachweisen können.

Uns allen ist eine vieldimensionale Vorrichtung übrigens ganz geläufig, obgleich wir wahrscheinlich in diesem Zusammenhang noch nie darüber nachgedacht haben:

Diese, wenigstens vierdimensionale Vorrichtung unseres Verstandes ist unser Vorstellungsvermögen, mit welchem wir uns - in einem Nu - über die Grenzen von Zeit und Raum hinwegzusetzen vermögen. Solches geschieht zum Beispiel, wenn wir uns träumend in eine andere Gegend versetzen, welche wir in der Vergangenheit einmal besucht und kennengelernt hatten.

Wenn die irdischen Gelehrten das volle Wissen der Eingeweihten nur *ahnten*, würden sie fast von der Erkenntnis erdrückt werden, dass all ihr irdisches Forschen dagegen nur einem "kindischen Tappen" gleicht. Ich möchte gewiss nicht mit dieser Aussage und Feststellung kokettieren, doch es ist gut und absolut nötig, dass *diese* nicht über ein Wissen verfügen, das, in falsche Hände geratend, nur in eine Katastrophe steuern könnte..! Wissen ist Macht - und Macht bedeutet Verantwortungsbewusstsein; fehlt das letztere, besteht eine Unmündigkeit für Höheres!

Es ist daher eine wunderbare Einrichtung der Harmonie der Schöpfung, dass zu den Erkenntnissen der großen Mystiker und Eingeweihten nur solche Wesen gelangen können, die niemals, **aber auch wirklich niemals**, ihr enormes und für euch Menschen nahezu unvorstellbares Wissen und Können in den Dienst der Zerstörung gestellt haben und/oder stellen würden!

Aus diesem Grunde wird, so seltsam das klingen mag, so manch weitere Entdeckung im Zusammenhang mit der Atomkraft-Forschung irdischen Gelehrten erst dann gelingen, wenn die Menschheit nicht mehr in der Gefahr steht, sich gegenseitig "an die Gurgel zu springen" und vernichten zu wollen.

Bezüglich der kosmischen Strahlen, mit denen sich die irdischen Wissenschaftler jetzt intensiver zu beschäftigen beginnen, sei darauf aufmerksam gemacht, dass sie am besten als "elektromagnetische Atomschwingungen" angesprochen werden dürfen - um sich die, in der Strahlung wirksamen, ungeheuren Kräfte behelfsmäßig begreifbarer zu machen. Die in jener wirksamen Gesetze sind irdischen Gelehrten noch vollkommen unbekannt.

Manche davon könnte man gegebenenfalls als Ausnahmen zu bestehenden, regulierenden Naturgesetzen bezeichnen. Bis jetzt ist für deren seltsames Verhalten noch keine begreifliche Norm gefunden worden, die sich eventuell auch mathematisch fixieren ließe. Der Ursprung der kosmischen Strahlen ist, wie zuvor schon erwähnt, bereits teilweise transzendental - also über die menschlich-physischen Sinne hinausragend.

Sobald es erst einmal gelingt, den Schleier zu lüften, welcher von der Natur über die Zusammensetzung der universellen Energie ausgebreitet worden ist, wird sich den Wissenschaftlern und Gelehrten der Erde ein so ungeheures neues Forschungsgebiet eröffnen, das, mit jeder neuen Entdeckung, weitere Fragen aufwerfen wird - womit das Feld ihrer Tätigkeit immer weitreichender, und geradezu ins endlose, wächst...

Fürchtet euch also nicht vor der globalen Vernichtung durch den Einsatz eines bestehenden Atomwaffenarsenals.

Auch sämtliche *Experimente* dieserhalb werden, nebst der weiter oben schon mehrfach angesprochenen natürlichen "Bremsvorrichtung" im Atom, welche eine verhängnisvolle Kettenreaktion verhindern würde, von höheren Wesenheiten überwacht.

Man lasse sich auch nicht von vorgeblichen (Unglücks-)Propheten einschüchtern oder ängstigen. Sollte es allerdings einmal zu lokal begrenzten Atomkonflikten und/oder -unfällen kommen, wäre davon doch nicht die ganze Menschheit betroffen. Diese kann also - im Gefolge eines atomaren Krieges - nicht vernichtet werden.

Zum Übrigen vertraue man auf Gott und verlasse sich auf Seinen allmächtigen Schutz..! Schon oft ist die Menschheit scheinbar "zufällig" hautnah an Beinahe-Katastrophen vorbeigeschrammt - *Wem* sie nun jeweils die Abwendung eines "Harmagedon" [7] zu verdanken hatte, sei euch hiermit kundgetan, respektive ist dem wahrhaft Gottverbundenen nie ein Geheimnis gewesen..!

Ich variiere ein wenig im Thema..:

Mit der Vervollkommnung ihrer Teleskope hat eure irdische Astronomie, im Vergleich zu früheren Jahrhunderten, ungeheure Fortschritte gemacht; und dennoch ist sie bisher (noch) nicht in den Komplex kosmischer Geheimnisse eingedrungen, welche noch ganz andere Forschungsgebiete bergen..!

So einfach, wie es den erdgebundenen Astronomen erscheint [8], ist das gestirnte Weltall nämlich keineswegs aufgebaut! Obgleich sich sozusagen das eine aus dem anderen ergibt, wird euch aber noch lange der wissenschaftliche Überblick fehlen..!

Wohl wissen die irdischen Astrophysiker, dass, neben Sonnen und Planeten, noch Übersonnen von gewaltigen Ausmaßen existieren; ferner, außer der Milchstraße, zu der eure Erde gehört, noch Abermilliarden weitere [9] Galaxien vorhanden sind und im Weltraum auch kosmische Staub- und Gaswolken [10] bestehen. Welche Rolle indes all diese Faktoren im Gesamtgetriebe der Schöpfung spielen, welche Aufgaben ihnen zufallen, ist für eure Astrophysiker ein Rätsel - und wird ein solches bleiben, bis man alle wissenschaftlichen Forschungsergebnisse unter dem Aspekt einheitlichen Geschehens subsumiert untersucht. Dann erst werden euch Aufschlüsse zuteil, an denen, bis jetzt, die Wissenschaftler noch ganz ahnungslos vorübertappen.

Fehlte ihnen, im Begriffsvermögen, nicht eine ganze Dimension zum werkzeuglichen Verständnis, bräuchten sie an Lösungen nicht kläglich vorbeizuschlittern - worauf sie, durch logische Schlüsse, eigentlich kommen könnten!

Wären eure Wissenschaftler zudem auch wahrhaft religiös empfindend, so hätte es ihnen, wie eine "Erleuchtung", dämmern müssen, dass in der ganzen Schöpfung stets eins aufs andere angewiesen ist und nichts abgesondert für sich existiert; ähnlich dem komplexen Zellenaufbau bei Mensch oder Tier zu einem einheitlich, harmonisch funktionierenden Organismus.

Betreffs der Gesamtheit der Völker auf Erden heißt es in Gottes Grund-Gebot deshalb nicht umsonst: "Liebet einander, wie ihr euch selbst liebt!" [11]

Auf eurer Erde hat es schon viele Kulturen vor eurer jetzigen gegeben, in denen jeweils ein Aspekt Gottes, eine Teilpotenz Seiner Selbst [12] verkörpert erschien, wenn ich es mal so in Worte kleiden möchte.

Dies ist überaus bedeutungsvoll und wichtig für jeden Einzelnen von euch.

Mancher kulturelle Wechsel gründet indes auf noch nicht verstandene oder nicht einkalkulierte externe Anstöße und Einflüsse. Und hier beginnt ein ganz neues Forschungsfeld für die Menschheit, welches am besten als

"Psychische Analyse des zusammengefassten einheitlichen kosmischen Geschehens"

bezeichnet werden könnte.

Eine solche Analyse umfasst beispielsweise die Korrelationen zwischen kosmischem und menschlichem Geschehen; zwischen biologischen Entwicklungsphasen und astrophysikalischen Vorgängen; zwischen kulturellen Faktoren und elektromagnetischen Einflüssen; weiters geologischen Phänomenen und Veränderungen, hervorgerufen durch das Wandern unseres gesamten Sonnensystems, mit allen seinen Planeten, durch die Weiten des Universums.

Doch sei die Vielzahl analytisch beobachtbarer Gebiete hiermit nur angedeutet, wobei aber nie aus dem Auge verloren werden darf, dass sämtliche Vorgänge zusammen doch nur Teil eines gesamt-kosmischen Geschehens darstellen.

Nach diesem groben Fingerzeig nun einige Beispiele dafür, was dabei gefunden werden könnte:

Diverse Veränderungen auf unserer Erde (wie auftauchende und wieder verschwindende Zivilisationen) waren/sind bedingt durch gewisse kosmische Terrains, durch welche unsere Sonne, nebst ihren Planeten (im Verlaufe ihrer Wanderung um die große Zentralsonne unseres Milchstraßensystems im Sternbild des Schützen), hindurch zog und weiterhin zieht.

Gleichzeitig wandert aber auch unsere Galaxie selbst, mit anderen Galaxien, um einen zentralen Ort, führt also noch eine besondere Bewegung als Milchstraße aus. Dann gibt es fernere "Achsdrehpunkte" für das Rotationsverhalten ganzer "Sonnenweltalls". [13]

Doch das zu erwähnen, insbesondere auch die Existenz noch darüber liegender "Hülsengloben" [13] anzuführen und so weiter und so fort, führte vorläufig, an dieser Stelle, zu weit!

In den fernen Räumen zwischen den Sonnensystemen einer Galaxis, als auch (im größeren Rahmen) den Galaxie-Sterneninseln als solchen, befinden sich nun kosmische Staub- und Gasnebelmassen von bestimmten, jeweils etwas voneinander abweichenden, Wirkeinflüssen. In Wahrheit wandert unsere Erde, mitsamt ihrer Sonne (darüber hinaus natürlich ebenfalls unsere Milchstraße) beständig durch solche Einflussgebiete universeller Staub- und Gasnebelwolken. Jede dieser hat eine verschiedenartige "kosmische Spannung", welche somit stets anders auf das Elektrizitäts- und Magnetfeld unseres Sonnensystems und unserer Erde einwirkt. Infolgedessen fluktuieren auch stets die irdischen Verhältnisse und Zustände.

Weil unser Nervensystem zuweilen recht stark auf die kosmischen Nebelmassen mit ihren elektromagnetischen Spannungen reagiert, lassen sich manche historischen und kulturellen Vorgänge auf Erden mit ebensolchen Einflüssen in Verbindung setzen - zum Beispiel gewisse Perioden andauernder Kriege, gefolgt von ruhigeren Zeiten; ferner Ären von großen Erleuchtungen auf dem Gebiet der Wissenschaften und Kunst, ebenso wie Inspirationen zu umfangreichem religiösem Erwachen.

Freilich ist euren Gelehrten auch schon aufgefallen, dass sich gewisse Epochen fast zu wiederholen scheinen - doch die dabei wirksamen *inneren* Zusammenhänge sind ihnen nie voll klargeworden!

Viele auf den Plan getretene Phänomene sind von der Menschheit gemeistert worden; doch treten sie, nicht selten, in einer modifizierten Form, wieder auf..! Man denke nur an die Bändigung von Epidemien durch die ärztliche Kunst. Das verursachende Prinzip, die kausalen Bedingungen selbst jedoch, welche die (zeitweise gezähmten) grassierenden Seuchen auslösten, konnten damit nicht aus der Welt geschafft werden, weil dabei eben kosmische Kräfte mit im Spiel waren/sind, die wir nicht zu beherrschen vermögen.

Diverse Krankheitswellen, die früher periodenweise auftraten, sind heute zwar fast ganz abgeebbt, respektive gar gänzlich verschwunden oder zumindest, durch erfolgreiche menschliche Interventionen, nahebei ausgerottet worden, doch rücken dafür, zum Beispiel, Herz- und Geisteskrankheiten im verstärkten Maße an ihre Stelle.

"Wenn somit Epidemien, Pandemien, Kulturepochen und Kriegswirren auf kosmische Einflüsse zurückzuführen sind - wo bleibt denn da der freie Wille der Menschen?", mag an dieser Stelle vielleicht eingeworfen werden.

Nun, er bleibt unangefochten!

Die wechselnden Einflüsse der Umwelt sind es gerade, die immer wieder neue Versuchungen, in neuer Varianz, an die Menschen herantreten lassen, sodass das Individuum, ganz gleich welche kosmischen Einflüsse in nämlicher Zeit vorwalten, doch stets nach dem gleichen Prinzip zwischen den gegensätzlichen Polen "gut, beziehungsweise schlecht" zu wählen hat - wenngleich sich gegebenenfalls auch die Umstände mal milder, mal härter in den Weg stellen werden, um zur beurteilenden Entscheidung zu zwingen.

Die kosmischen Geschehnisse und Einflüsse, initiiert durch verschiedenartig wirksame Kräfte der vorgenannten universellen Staub- und Gaswolken, durch welche unsere Erde mit der Sonne und unserem ganzen Milchstraßensystem zieht, stellen aber noch etwas anderes, als nur irgendwelche Einflussfelder dar - wofür sich indes nur sehr schwer der richtige Ausdruck finden lässt, außer man zieht, zum Behelf, Begriffe zu Rate, welchen, im gewöhnlichen Leben, meist eine davon divergierende Bedeutung zukommt: "Dimension" oder "Sphäre" wäre vielleicht eine der passendsten Benennungen...
"Dimensionen", respektive "Sphären", weil sie einander durchdringen; vor allem aber auf die irdischen elektromagnetischen Kraftfelder und auf sensitive Nervensysteme einzigartige, euch fast noch völlig unbekannte Wirkungen ausüben, welche ihr bislang nur als Stimmungs- und Gedankenbeeindruckungen auffasst.
In Wirklichkeit sind sie aber viel mehr als das..!

Es ist extrem schwierig, euch von Zuständen und Verhältnissen zu berichten, die wir Eingeweihten (wie überhaupt alle vorgeschrittenen Wesenheiten) deutlich erkennen, weil dadurch, statt Klarheit zu schaffen, möglicherweise sogar noch größere Verwirrung angerichtet werden könnte.
Um das Angedeutete verständlicher zu machen, möchte ich nun einige Beispiele für die Einwirkungen kosmischer Einflussfelder anführen - wobei aber bemerkt sei, dass solche nicht nur auf nachstehend angeführten Gebieten vorlagen, sondern nahezu in allem Geschehen und Wandel auf Erden zu verzeichnen waren.

Ich ziehe dieserhalb einmal die von euch so benannten "Eiszeiten" heran:

Das plötzliche Vereisen in einem kurzen Zeitraum von nur einigen tausend Jahren erfolgte in den meisten Fällen (und die Erde ging, seit ihrem Bestehen, durch mehrere Eiszeiten) dadurch, dass unser ganzes Sonnensystem eine ungeheuer ausgedehnte kosmische Staub- oder Gaswolke querte, welche

1. die Licht- und Wärmeeinwirkung der Sonnenstrahlen verminderte,

2. gleichzeitig aber auch, durch anders geartete elektromagnetische Schwingungen, das entsprechende Feld der Erde so wechselte, dass eine (für uns heute normale) Wärmeentwicklung und -verteilung unterbunden wurde.

Durch kosmische Einwirkungen beschriebener Art zumindest mitverursacht sind auch die Erdumwälzungen, durch welche sich, bedingt durch die sogenannte Plattentektonik, vor nicht allzu langer Zeit, die Rocky Mountains und Anden in Amerika, die Alpen in Europa und das Himalaya-Gebirge in Asien aufzufalten begannen.
Auf selbige Ursache ist ebenfalls der Untergang der Groß-Insel Atlantis, und davor derjenige des pazifischen Kontinents Lemuria, zurückzuführen - wobei, von eurem Standpunkt aus betrachtet, gewisse (allgemein-)irdische Periodizitäten mit rein kosmischen Einflüssen so eng korrespondierten, dass ihr glaubt, allein die erstgenannten Umstände hätten solche Veränderungen bewirkt.
Darin habt ihr indes geirrt!
Es besteht eine sehr innige Korrelation zwischen allem Geschehen im Kosmos - ein Zusammenhang, der so genau ineinanderpasst, dass er euch in die Annahme führte, es handle sich um einen rein rechnerisch verifizierbaren Vorgang.
Das ist, bezüglich der Gesetzmäßigkeiten, auch der Fall - welche ihr aber, trotz aller schon ziemlich fortschrittlichen Mathematik, auf kosmischem Gebiet noch nicht ganz zu fassen vermögt, weil solche schon ins Transzendentale hineinreichen.

Ebenfalls auf kosmische Einflüsse zurückzuführen ist das plötzliche Verschwinden der großen Saurier, die ihre Aufgabe, die Erde, für spätere Tierarten, bewohnbar zu machen, erfüllt hatten.
[14]

Und so ließen sich noch verschiedene, die Umweltbedingungen verändernde, Vorgänge auf Erden als Folgen kosmischer Einflüsse namhaft machen [15], welche aber von keiner weiteren, generellen Bedeutung für euch sind, weil sie von wissenschaftlicher Seite nie besonders hervorgehoben wurden. Dies betrifft etwa das Verschwinden von Grundstoffen aus dem Periodensystem der Elemente (PSE/PSdE), die auf eurem Globus seitdem nur noch synthetisch hergestellt werden können.

Die kosmischen Einflussfelder, die hier erwähnt sind, haben sogar noch eine ganz andere Bedeutung und Wirkung, als ihr vielleicht ahnt:
Sie nehmen gleichzeitig die Aura eurer Entwicklungsepochen in sich auf, als ob sie ein Lichtbild davon nähmen. Also abermals eine Wechselwirkung zwischen irdisch-stofflichem und kosmischem, ja, transzendentalem Geschehen!
Glaubt bloß nicht, dass ihr mit eurem Tun und Lassen isoliert dasteht!
Keineswegs!
Es gibt überhaupt nichts gänzlich Isoliertes im Weltall.
Ich greife, spontan "aus dem Blauen", einen Punkt heraus:
Wenn eure Wissenschaftler beteuern, dass sie, in einem hypothetisch eingefangenen Lichtstrahl, welcher vor Jahrhunderten ins Weltall hinausgeeilt ist, ein Spiegelbild der damaligen Zeit vor sich hätten und wahrnehmen könnten, so liegen sie mit dieser Behauptung tatsächlich nur knapp daneben.
Es ist nämlich in Wirklichkeit nicht der Lichtstrahl, der die Verhältnisse und Zustände einer früheren Zeitperiode festhielt, sondern es waren die jeweilig vorherrschenden kosmischen Einflüsse, durch welche unsere Erde zur besagten Zeit gerade hindurchglitt, die jene bannten.
So kommt es, dass nicht das Geringste je verloren geht, sondern eine Art kosmische Fotografie von allem vorhanden bleibt.
Indes: Da unsere Sonne, mitsamt ihren Planeten, einschließlich der Erde, sowie unser ganzes Milchstraßensystem sich in einer geradezu rasenden rotierenden Bewegung, sowie einer Rotation innerhalb einer Rotation und so fort befinden, rückt das sozusagen fotografisch Festgehaltene - Kulturepochen, Regierungssysteme et cetera - permanent in für uns immer weitere Ferne.

Dennoch bleibt, beispielsweise, das Wirken führender Persönlichkeiten gewisser Ären auf diese Weise weiter existent, sodass jene im "Großen Jenseits" [16] örtlich in ihren für uns Erdenbürgern vergangenen Taten so lange schwelgen können, wie ihnen danach ist - denn der Zug ihres Herzens und ihr freier Wille werden dort, genau wie hier, unbedingt geachtet.

Solch Gebaren mag verfolgt werden, bis die betroffenen Seelen schließlich merken, dass sie dabei nicht weiter vorwärtskommen - woraufhin sie in den Fluss des Fortschritts der menschlichen Entwicklung und Seelenreifung (mit dem Ziel selbstbestimmt errungener Vollkommenheit) zurückkehren; sich gegebenenfalls neu inkarnieren, wenn dies nötig werden sollte, um sich - ob auf Erden, einem alternativen Planeten oder im Jenseits - weiter zu entfalten.

Ich wünschte, ich könnte euch noch mehr über all das enthüllen - doch täte ichs, würde es euch total verwirren! Deswegen möchte ich euch bitten: Denkt über meine Mitteilungen nach, vertieft euch in ihren Inhalt - und es werden euch Erleuchtungen zuteilwerden, die ihr ebenfalls kaum in Worte zu kleiden vermögt. Ihr werdet daraus ersehen, wie schwer es für mich sein muss (der ich, im Vergleich zu euch, über einen so ungeheuer weiten Radius und Fundus der Erkenntnis verfüge), all das, was ich erschaue und begreife, euch, soweit als möglich, gemeinverständlich wiederzugeben...

30 - Die menschlichen Fortschritte der nahen Zukunft

Die Fortschritte der Menschheit, bezüglich Erfindungen und Entdeckungen, werden nun von Jahr zu Jahr immer offensichtlicher und rasanter. Beinahe scheint es, angespornt durch die Rivalität des Krieges und mit dem Anliegen, sich durch überlegene Technik einen Vorteil gegenüber dem Feind zu verschaffen, als ob sie sich geradezu förmlich überstürzten.
Und das führt uns nun zu den vielen kursierenden, teils ernstgemeinten, teils aber auch überaus unsinnigen, angeblichen "Prophezeiungen".
Jedes Zeitalter hat Propheten allerlei Art, das heißt natürlich Männer und Frauen, die sich selbst als solche *bezeichnen*.
Was wurde nicht schon alles von solchen Personen angekündigt..?!
Unzählig sind zum Beispiel die Voraussagen bevorstehender Weltuntergänge - doch die Welt besteht immer noch!
Zur Zeit [1] dienen als Themen für Prophezeiungen ein angeblich bevorstehender Dritter Weltkrieg und eine, dadurch bedingte, mögliche nuklear initiierte Erd-Explosion!

Dabei gibt es noch unzählige andere mögliche Ursachen, durch welche unsere Erde völlig eliminiert werden könnte; Ursachen, die eigentlich sogar noch wahrscheinlicher sind - zumal einige davon die Erde schon ein- oder mehrmals betroffen hatten, ohne sie allerdings vollends zu zerstören. Ich möchte hier explizit das Niedergehen riesiger Meteoroiden, vielleicht gar von Asteroiden, erwähnen, was vorläufig [1] noch kein Sterblicher vorhersehen (jedoch jeden Augenblick mit Blitzesschnelle geschehen) kann oder das Eintreten einer neuen Eiszeit durch lediglich Herabsinken der Durchschnittstemperatur des Jahres um 10 bis 12° Celsius und anderes mehr, was an dieser Stelle aber keinesfalls angeführt werden soll, um Unglückspropheten nicht mit neuem verhängnisvollem Material zu "füttern".

Wenn die Menschen all das sehen und überblicken könnten, was uns Eingeweihten zugänglich ist, würdet ihr aus der Angst überhaupt nicht mehr herauskommen! Unzählig die Gefahren, von denen wir wissen, dass sie die Erde ständig bedrohen!

Dass unser Globus davon nicht betroffen wird, beruht allein nur auf Gottes Führung, Lenkung und Schutz - wobei Scharen von Engeln, und auch wir Eingeweihten, mithelfen dürfen, solche dräuenden Katastrophen abzuwenden!

Das ist eine unserer Aufgaben, die uns von Gott gestellt sind.

Möchte Gott dagegen ein herannahendes Unheil zulassen, so gibt Er uns seine Absicht kund, und ein verhindernder Eingriff durch uns oder die Engel bleibt unterbunden.

Warum ängstigt ihr euch eigentlich so vor Unglücksprophezeiungen?

Treffen Katastrophen ein, so kommen sie - ob ihr es wollt oder nicht!

Ihr braucht doch absolut keine Furcht zu haben, wenn ihr Gott stets vertraut. Entweder Er behütet euch, oder Er lässt euer Ableben zu - je nachdem, was euch zum Besten gereicht!

Ihr wisst von dem unabänderlichen Naturgesetz, dass alles, was einmal auf dieser Erde geschaffen/geboren wurde, auch wieder sterben und vergehen *muss*! Wann, und unter welchen Umständen das bei euch im Einzelnen der Fall sein wird, das bestimmen keine vermeintlichen "Hellseher", sondern allein Gott, der Allmächtige!

Vertraut daher Ihm allein, betet zu Ihm, unterhaltet euch mit Ihm, wann immer es eure Zeit erlaubt, und sorgt euch nicht im Geringsten um "Vorhersagen" und Ankündigungen, welche meistens ohnehin falsch, beziehungsweise spekulativ sind und mit denen nur eingebildete und von sich zu Unrecht eingenommene Menschen prahlen.

Das Schicksal indes liegt einzig und allein in Gottes Hand!

Vor allem vergesst niemals (und das ist Tatsache): Keine noch so große Katastrophe, auch keine Atomexplosion, kann die menschliche Seele antasten, die zusammen mit dem menschlichen Geist unsterblich ist und für immer weiterbestehen wird. Warum sich also sorgen? [2]

Betreffs der vielen weiteren Fortschritte, welche die Menschheit dieser Erde innerhalb der nächsten Jahrzehnte machen wird, wäre, unter anderem, der direkte Kontakt mit den Verstorbenen und Bewohnern der feineren Daseinsebenen zu nennen, welche in Sphären um unsere Erde herum leben. Jenes wird auf eine andere Weise als bisher (das heißt unabhängig von der Vermittlung via menschliche Medien) möglich werden!

Solch neue Art der Verbindung mit Wesen der Feinstoffwelten wird genauso fortschrittlich sein, wie vorzeiten der Explosionsmotor vermittels Benzinkraftstoff die Dampfmaschine überflügelt hatte oder später Nuklearkraftwerke die dannzumal veralteten Kohlekraftwerke an technischem Standard weit zu übertreffen vermögen.

Die Medien könnten, sobald der direkte Verkehr mit den verstorbenen Seelen auf apparative Weise [3] möglich sein wird, diese Art der Verständigung anfangs genauso heftig bekämpfen und boykottieren wollen, wie es die Handwerker taten als die Maschinen auftauchten. Doch nützen wird dieser revoltierende Widerstand letztlich wenig...

Freilich, auch nach Erfindung und ferner Einrichtung des direkten Kontaktes mit Verstorbenen werden menschliche Medien weiter existieren - genauso wie es, zum Beispiel, trotz Kinos und Fernsehens weiter Theaterschauspieler gibt, die auf der Bühne wirken oder, trotz der Betreibung von Automobilen, der Reitsport zu Pferde nicht untergehen wird.

Doch die dann noch arbeitenden Medien werden wirklich *echt* sein müssen, da ihre Integrität durch die alternative Geräte-Verbindung mit dem Jenseits leicht nachgeprüft werden kann.

Weitere Erfindungen, die bevorstehen, werden die Gravitation und deren Regulierung betreffen. Die Entdeckungen auf diesem Gebiet werden allgemein überraschen, zumal sie unter Umständen erfolgen dürften, bei denen niemand eine solche erwartet hätte. Welche Folgen die Schwerkraftüberwindung zeitigen wird, dürfte der Menschheit erst im Verlaufe der Jahre wirklich dämmern. Das Flugwesen wird sich diese Erfindung nutzbar machen und es wird ein individuelles Fluggerät konstruiert werden können (das aber keines im Sinne heutiger Flugzeuge mehr ist), welches beinahe jedem das Schweben ermöglichen wird. Das Fliegen wird dann noch viel, viel allgemeiner verbreitet sein als es heutzutage [1] in den USA das Automobilfahren ist.

Und das Kurioseste, für uns Eingeweihte aber keineswegs Überraschende, wird sein, dass es gleichzeitig auf das Gebiet des

Seelischen hinüberspielen wird. Man wird plötzlich das Prinzip erkennen, auf dem das Phänomen der Levitation [4] beruhte, welches Yogis und Heilige schon seit Jahrtausenden praktizierten, beziehungsweise erleben durften.

Die unterschiedlichsten wissenschaftlichen Forschungszweige werden sich vermehrt, im Rahmen eines komplexen Ganzen, berühren; einander - zwangsläufig - ergänzen und nicht mehr miteinander konkurrieren!
Falls die religiösen Bestrebungen der verschiedenen kirchlichen Organisationen, Denominationen (und generell aller Glaubensrichtungen) diesem Umstand nicht genügend Rechnung tragen, wird ihr Einfluss auf die Massen schwinden.

Gott bleibt *natürlich* immer derselbe - gestern, heute und in Ewigkeit. Wahre, individuelle, persönliche Gottanbindung kann durch nichts ins Wanken geraten, da solcher Glaube nie mit der Realität konkurriert oder im Widerstreit gestanden hat.
Das wahre Gottesbild kollidiert nie mit zunehmendem Fortschreiten der Erkenntnis - ganz im Gegenteil!
Allerdings muss manch *eingeschränktes* Wissen unserer Tage, als Wissenschaft deklariert, sich oft mit der Realität messen und darf nicht in eine "Wissenschaftsgläubigkeit" abdriften, im Vermeinen die *abschließende Wahrheit* schon zu kennen und das Wissen (welches doch noch so mangelhaft und lückenreich ist) sozusagen "mit Löffeln gefressen" zu haben, was zu einer völlig ungerechtfertigten, elitären Haltung gegenüber Gläubigen führen könnte.
Die Intentionen *organisierter Glaubensbündnisse* hingegen, gewisse, sich immer mehr als haltlos erweisende, Doktrinen durchsetzen zu wollen, werden zunehmend als unauthentisch entlarvt werden. Ohne Modifikation ihrer Lehrsätze werden solche ihre Autorität über die Massen einbüßen..! Die Mitglieder benannter Konfessionen werden Gott unter einer veränderten Perspektive erkennen müssen, wollen, respektive dürfen...

Nun, wie sieht diese "neue Perspektive" denn aus..?
Vor tausend Jahren schaute der Mensch in den Himmel hinauf und sah am Tage die Sonne und des Nachts den wandelnden Mond und die Sterne. Wenn er gute Augen hatte, erkannte er vielleicht zweitausend dieser leuchtenden und strahlenden Punkte am

nächtlichen, gestirnten Firmament - das war sein (spiritueller) "Himmel", über welchen gebietend er sich Gott vorstellte.

Mit größerer astronomischer Kenntnis, im Gefolge der Erfindung des Teleskops, musste vom anthropozentrischen Weltbild [5] abgerückt werden und wurde der Nachthimmel immer weiter und grandioser. Bis vor gut zwanzig Jahren hielt die Menschheit unsere Milchstraße für den Kosmos!

Doch, **weit gefehlt**, ist, mit der Entdeckung Edwin Hubbles, 1923, veröffentlicht 1925, bekannt geworden, dass vermeintliche Nebel in unserer Galaxie in Wirklichkeit externe Galaxien sind! Seitdem sind tausende weitere, ja Millionen entdeckt worden (was später gar hunderte Milliarden werden) - und noch ist dies lange nicht das Ende allein des den Menschen sichtbaren Universums! [6]

Über all diesem waltet Gott!

Das irdische Gottesbild bedarf, in der Tat, einen Perspektiven-, ja, Paradigmenwechsel im Sinne der Erkenntnis, dass der Mensch Ihn nie wird vollständig verstehen können, da Seine Größe und Erhabenheit schlichtweg unbegreiflich sind.

So halte der Verständige sich fern davon, je einen vermeintlich "Ungläubigen" oder Andersgläubigen zu diskriminieren, zu verfolgen oder gar zu töten, im Vermeinen im Besitz der letzten Weisheit über Gott zu sein!

Das ist völlig unmöglich!

Die bescheidene Haltung eines Sokrates wird hierbei jedem denkenden Wesen gut zu Gesicht stehen! [7]

Auf dem Wege beständigen technologischen und generell wissenschaftlichen Fortschritts wird die Menschheit irgendwann zu jener Kreuzung gelangen, an welcher sie sich klar werden und entscheiden muss, ob weiteres Forschen nur rein materiell-irdischen Zwecken dienen soll oder der hehren Bestimmung, zu der das Menschentum eigentlich ausersehen ist.

Vergessen werden darf dabei nie die unumstößliche Tatsache, dass dem Menschen, nebst seinem physischen Leib, eine unvergängliche Seele und ein ewig weiter bestehender göttlicher Geistfunken innewohnt!

Die Menschheit kann sich also nur von Gott entfernen und dabei sehr leiden, niemals aber als seelische und geistige Einheit vergehen. Jeder Einzelne sollte dabei jedoch in Betracht ziehen, dass die Entfernung von Gott so starke Qualen verursachen kann, dass man oft wünschen wollte, lieber als Individuum ausgelöscht zu werden - was indes niemals geschehen wird.

Man stelle sich den Zustand der Gottferne für den bewusst Gewordenen niemals leicht vor! Sie ist in Wirklichkeit furchtbar - nein, sogar entsetzlich; auch für die Menschheit als Ganzes.

Solche Pein muss aber insoweit dann sein, wenn die Menschen nur über diesen harten Belehrungspfad zur Besinnung gebracht werden können. Wieviel leichter wäre der irdische Lebensweg der Menschen, wenn sie sich, durch Beachtung Seiner Gebote und in Anerkennung Seiner Macht, Gott zuwenden würden, sich direkt an Ihn um Hilfe wendeten..!

Es wäre mir sehr wohl möglich, noch mehr, ja sogar sehr viel mehr, über den Entwicklungsgang der künftigen Menschheit zu enthüllen. Doch was an Gutem würde das bewirken?

Wahrscheinlich nichts, nicht viel oder sogar noch eher etwas Negatives!

"Wie das denn..?!", mag der Skeptiker hier entrüstet einwenden.

Ich denke, man würde sich, in solchem Falle, einfach in der Sicherheit des allgemeinen Gelingens und Fortschritts wiegen und dabei Gott, als den Erhalter und Brennpunkt von allem, in den Hintergrund setzen; Ihn erneut vergessen, wie es schon so oft in der Historie vorgekommen ist. Darum genüge hier die Mitteilung, dass die Menschheit noch Wundersames an Erfindungen und Entdeckungen ("Wunder" vom gegenwärtigen Standpunkt aus betrachtet) erwirken dürfte...

Allein (!) - der Mensch hat einen freien Willen, und folglich auch die Wahl, das Bevorstehende zu seinem eigenen Verderben auszuprägen! Bis jetzt sind - leider - alle Erfindungen immer auch auf ihren Einsatz als überlegene Waffe untersucht worden. Bleibt der Homo sapiens bei dieser üblen Gesinnung, gerät sein Weg ernstlich in Gefahr..!

Segen oder Fluch, Wohl oder Wehe - des Menschen Wahl!

Bittet Gott daher um Erleuchtung und innere Führung - kommuniziert mit Ihm vermittels Gebet, in der Meditation oder indem ihr einfach frei aus dem Herzen und eurem Sinn mit Ihm direkt sprecht!

Setzt Gott an die erste Stelle - **Er** sei eure unangefochtene Priorität!

Ihr könntet euch euer irdisches Leben gewaltig erleichtern, gäbet ihr Gott in allem die Ehre, das heißt: würdet ihr stets in allem Tun und Lassen zuerst an Ihn denken! Wendet euch Ihm fest zu - das ist der Inhalt meiner steten Ermahnungen..! Nur zu eurem Besten und zum Besten der gesamten Menschheit...

Beispielsweise könnte man damit beginnen, vor und nach den Mahlzeiten, vor dem Schlafengehen und nach dem Aufwachen, Gottes in einem kurzen Gebet zu gedenken. Langsam würde so in euch das Bewusstsein erwachen, dass euer Gott wahrlich existiert - Jemand, der euch wirklich liebt, hört und versteht, wenn ihr zu Ihm mit euren Anliegen gekommen seid; auch Antwort auf eure Bitten gibt.

Eine solche Routine erhaltet euch als beständiges Agens eures Seins - das bedeutet: als tätiges, handelndes Prinzip; nie verkomme es dazu, etwa gewohnheitsmäßig zu verflachen. Haltet eure Religiosität lebendig!

Gott ist stets mit euch! Er ist immer da; Engel Gottes stehen neben euch, wenn ihr zu Ihm betet oder mit Ihm sprecht!

Lasst euch niemals durch irgendwelche medialen Aussagen Bange machen oder beeinflussen! Gott steht höher als jedes Medium - welches Renommee zu haben es auch vorschützen mag! Anstatt zu Medien Zuflucht zu nehmen, wendet euch nur getrost direkt an Gott!

Seid sicher, dass ein Medium, welches, bezüglich seiner Person, behauptet, von Gott privilegiert zu sein, dies gewiss **nicht** ist, denn Gott sucht sich nur die bescheidenen, ja, von Herzen demütigen Menschen für Seine direkten Botschaften aus!

Verlassen und Vertrauen sollt ihr euch daher nur auf eure eigene, direkte Verbindung mit Gott. Rennt dieserhalb keinen selbsternannten Gurus hinterher..! Das ist nicht nötig; wiewohl es, zu Anfang des Weges, manchmal nützlich sein kann - langfristig sich aber, nicht selten, ins krasse Gegenteil verkehrt... Wendet dieserhalb stets Unterscheidungsvermögen an..!

Ihr glaubt ja gar nicht, was es in der Ewigkeit für euch bedeutet, wenn ihr schon zu irdischer Lebzeit Gott gesucht, zu Ihm gebetet, also mit Ihm in Verbindung gestanden habt! Im Jenseits kommt euch diese Erkenntnis sehr zustatten; selbst dann, wenn euer Empfinden für Gott noch nicht jenes Stadium erreicht haben sollte, dass euch im Allerinnersten von allem Ihm betreffenden Überzeugung gewährte.

Gründet euch auf Fels und baut nicht auf Sand! [8] Befestigt euer Lebensbild mit der gegenwärtigen Präsenz Gottes, indem ihr **Ihn** bei all euren Unternehmungen mit einbezieht; Ihm eure Bitten unterbreitet - und auch ihre Erfüllung spürt, wenn dies zu eurem höheren Nutzen ist! Festigt auf solche Weise euer Empfinden für und euer Sein mit Gott, solange noch ein Atemzug in euren physischen Leibern ist! Ich wünschte, ich könnte es euch bildlich begreiflich machen, was das, nach eurem irdischen Ableben, für euch bedeuten kann!
Siehe, euch ist erlaubt direkt vor Ihn zu treten; ja, Er bittet euch sogar darum, sich Ihm vertrauensvoll zu nähern!
Glaubt, ohne zu zweifeln, eurem "Eremiten", der zu euch als Wissender spricht! Folgt seinem Ratschluss! Niemals werdet ihr es bereuen; Gott ist, und wird, stets mit jedem sein, der Ihn ernstlich sucht. Und bei aufrichtigem, ganzherzigem, kühn beharrlichem Streben wird ein Suchender Gott auch tatsächlich finden! Seid dessen sicher! [9]

Bitte - und ich spreche jetzt explizit noch einmal die Deutschstämmigen an, denen das Schicksal der "alten Heimat" am Herzen liegt - verliert nicht den Mut, wenn die Restrukturierung eines neuen, geeinten Deutschlands ein langwieriger, komplizierter Prozess werden wird.
Lernt, euch zu gedulden!
Seht ihr nicht selbst, wie recht euer Eremit mit seinem Hinweis auf eure, euch von Gott mit auf den Lebensweg gegebenen, Eigenschaften hat?
Das Ausland fürchtet sie, weil sie das sind, was eurer Natur des Fleißes, der Ausdauer, der Ehrlichkeit und Genauigkeit entspricht. Begreift es endlich, dass ihr euch nur um eure angeborenen Attribute zu sorgen braucht, um unentbehrlich für die Welt zu sein. "Unentbehrlich" im Sinne von "notwendig", weil ihr, wenn ihr der Menschheit und Welt etwas gebt, nicht gleich - wie andere gar zu oft - an den Gewinn denkt, welcher im Gegenzug daraus erwachsen könnte, sondern zunächst nur daran, ehrlich zu dienen und den vollen Wert für das zu bieten, was bezahlt wurde.
Das ist ein "Handels- und Güteraustausch", wie Gott ihn Sich wünscht und segnet.

Und was Gott segnet, das ist unwiderstehlich und kann auf die Dauer niemals unterdrückt werden!

Der Segen Gottes für ehrliches, treues und zuverlässiges Wirken mag darin bestehen, dass euch von allein wieder vieles von dem zufällt, was ihr verloren habt. Gott versteht zu helfen, wie kein irdischer Mensch zu helfen vermag..!

Darum mein scheinbar penetrant-pedantischer Dauer-Hinweis auf unser aller Schöpfer und Herrgott! Vertraut Ihm allein - und ihr seid geborgen für immerdar!

Deutschland hat, als Nation, noch eine große Zukunft vor sich - als eine Macht des Friedens und Agens für die Heilung der Welt. Erinnert euch dessen beständig, wenn euch die Weltverhältnisse dieserhalb zuweilen entmutigen sollten. Gott allein werde, und sei, euer alleiniger, wirklicher, echter und wahrer, ewiger Freund - und ihr könnt nie fehlgehen..! [10]

31 - Über Medialität und ihren Nutzen

Die Menschheit ist durch ihre Entwicklung allgemein sensitiver geworden und daher auch für Einflüsse empfänglicher - sowohl aus dem "Großen Jenseits", wie auch für solche rein göttlichen Ursprungs. Folglich gab es noch niemals so viele Medien wie heute - und alle beanspruchen für sich nur Richtiges und Wahres an gechanneltem, erhaltenem, gesehenem und/oder gehörtem Material zu bieten.
Jedes integre und nicht willentlich betrügerische oder von seiner inspirierenden Quelle betrogene Medium mag damit auch recht haben - zumindest vom jeweils individuellen Blickwinkel des eigenen Standpunktes aus betrachtet. Vielfach wird diese Einschränkung aber übersehen - sowohl von denen, die als Medien fungieren, als auch den Empfängern der Nachrichten.

Es heißt: *"Die Zeit der Wiederkunft des Herrn ist da!"*

Weil diese jedoch "in/mit den Wolken des Himmels erfolgen wird", wie die Schrift ihren Lesern enthüllt [1], mehren sich naturgemäß medial vermittelte Botschaften.

Indes: Das Verhältnis zwischen der Botschaft, die empfangen wird, und dem menschlichen "Instrument", welches jene erhält, ist sehr kompliziert und sollte gründlichst verstanden werden, um auch sicher sein zu können, wirklich Zuverlässiges zu erhalten. Berücksichtigt man diesen Faktor nicht, oder nur ungenügend, wird schnell - ungewollt - mancher Irrtum erzeugt.
Medial Begabte könnten, zum Beispiel, eventuell den Fallstricken des Hochmuts erliegen, ohne dies vielleicht zu bemerken; stellen sie es dann dennoch fest, fehlt ihnen gegebenenfalls, aus dem Stolz geboren, das Rückgrat und/oder der wahre seelische Adel diesen Missstand - zumindest sich selbst gegenüber - einzugestehen.
Eine rigorose Ehrlichkeit - erst recht im Besehen der Ver-antwortung gegen Gott - kann dann, nach einer kürzeren oder längeren Probezeit, den Empfang sehr klarer und einwandfreier Botschaften weit vorgeschrittener Wesenheiten nach sich ziehen.

Doch zunächst einmal zum Verhältnis zwischen Medium und sich mitteilender Entität:

Auf einem nicht gestimmten Klavier kann der größte Pianist kein gutes Konzert geben!

Nun, so ähnlich ist es bei Botschaften aus dem "Großen Jenseits" oder von höchster Seite.

Dieser Vergleich, übertragen auf Medien und deren Nachrichten, sollte für jeden denkenden Menschen den Schlüssel dazu bieten, was er von medialen Mitteilungen zu halten hat. Doch wie manch stolzer Besitzer eines ungestimmten Pianos dessen Missklang nicht bemerken will, respektive nicht bemerken kann, weil er kein feines, melodiöses Gehör hat, sehen Medien eventuell nicht ein, warum sie (zuweilen zumindest) keine einwandfreien Botschaften erhalten sollten.

Hiermit möchte keine Kritik am Individuum entäußert sein oder Verdächtigungen Vorschub geleistet werden - es seien zunächst einmal nur die Fakten herausgeschält.

Jeder medial Tätige, der integer zu arbeiten gewillt ist, beurteile sich dieserhalb schonungslos selbst und entscheide über seine Eignung als Mittler zwischen unserer Erde und der Transzendenz.

Ist solch Filter denn objektiv ermittelbar..?

Das funktioniert sehr wohl und man befleißige sich dessen auch!

Das Ergebnis jenes Unterfangens benötigt durchaus kein öffentliches Bekenntnis zur Entblößung. Jedoch: Sämtliche "Hellseher" und "Hellhörer" werden einst für alle irreführenden Botschaften, die nicht richtig empfangen wurden, zur Rechenschaft gezogen!

Gegebenenfalls Betroffener, nur scheinbar Begnadeter, denke ehrlich darüber nach, ob ihm (oder ihr) schon "Prophezeiungen" mit Inhalten unterkamen, welche niemals eintrafen. Ist das der Fall, sei man vorsichtig mit weiteren Nachrichten aus derselben Quelle!

Im Zweifelsfalle möge man das Channeln für eine Zeitlang aufgeben, beziehungsweise ganz bleiben lassen; überhaupt keine weiteren Botschaften mehr annehmen, solange sie von besagter, unsicherer Quelle stammen.

Nach einiger Zeit wird man vielleicht konstatieren dürfen, wie sich die Medialität verfeinert und Offenbarungen (welche diese Bezeichnung auch verdienen) von authentischeren Absendern einstellen.

Ebenso hüte sich ein Medium davor, persönliche Rache- oder Hassgefühle gegen jemanden zu hegen, betreffs dessen Botschaften erhalten werden - es muss absolut neutral sein und nur das Gute und Beste für seine Mitmenschen wollen! Darum sind liebevolle und von Natur aus barmherzig veranlagte Menschen die besten Mittler zwischen den Welten; doch müssen *auch sie* ständig an sich arbeiten und achtgeben, damit sich keine unzuverlässigen Elemente einschleichen, welche das Medium missbrauchen könnten.

Solche "unlauteren Elemente", die sich von jenseitiger Seite in eine Durchgabe "von drüben" einschleichen können, beziehungsweise gar hinein*drängen*, sind mit der Statik an einem Radio zu vergleichen - einem "Rauschen", einer "Klang- und Tonstörung" infolge einer unliebsamen Frequenzüberlagerung. Sie sind schwer fernzuhalten und behindern den guten Empfang aus einwandfreien Kreisen.

Mit Verweis auf die Bibel, dass man die Ruhe der Toten nicht stören solle [2], wird auf Erden - von religiöser Seite - vielfach vehement gegen diese Art von Botschaftsübermittlung Stellung bezogen. Man vergisst dabei aber wohl, dass die heutige Zeit, mit ihren enormen technischen Fortschritten, nahe daran ist, mit den jenseitigen Sphären an und für sich in direkten Kontakt zu treten..! Weiters möge man berücksichtigen, dass es im "Großen Jenseits" zahlreiche Seelen Verstorbener gibt, die sich gern ihren noch lebenden Lieben kundtun *möchten*. [3]

Freilich gibt es auch Wesenheiten, die erst durch die Beharrlichkeit suchender Menschen dazu verleitet werden, sich zu äußern. Das ist gefährlich und nicht richtig.

Gegen solche Vorgehensweise nimmt die Schrift - mit Recht - eine sehr kritische und distanzierte Haltung ein; ja, sie *warnt* uns geradezu vor solcherlei Praktiken!

Glaubt mir, es gehört tatsächlich sehr viel Erfahrung dazu, bezüglich medialer Durchgaben, Echtes von Unechtem, Wahres von Falschem zu unterscheiden. Nebst dem Medium, welches eine selbstlose Person allerbesten Charakters sein sollte, damit nur einwandfreie Botschaften erhalten werden, sollte aber auch dessen Klient(in), der/die Empfänger(in) einer Nachricht, die Reife besitzen, eine solche **objektiv** auf ihre Echtheit und ihren Gehalt hin nachzuprüfen - schnell verstellen subjektiv verständliche Wünsche den Realitätsbezug..!

Der Leser bedenke immer, dass die Jenseitigen - sehenden Auges - mit den irdisch Gebundenen sozusagen "Blinde Kuh" spielen können! Die einzig probate Rückversicherung ist ein kritischer Verstand und die geläuterte Praxis, alles Geschehen unter den Schutz hoher, den Herrgott liebender und verpflichteter Geister zu stellen.

Ihr Menschen, die ihr im Augenblick auf Erden inkarniert seid, vergesst nicht, dass ihr in einer Übergangszeit zu etwas bevorstehend wirklich Großem lebt - nämlich einem nahezu ungehinderten **direkten** Kontakt mit Verstorbenen und weiter vorgeschrittenen Wesenheiten! [4]

Bevor aber solche Zeiten anbrechen, ist der jetzt schon praktikable Verkehr mit Verstorbenen, via Medien, zu einem Vorgang geworden, dessen sich Verstorbene im Jenseits probaterweise gern bedienen.

Freilich tun das nicht alle.

Viele gehen, hinter dem Schleier des physischen Abscheidens, ihren Weg des Fortschritts weiter und überlassen ihre Lieben im Diesseits der Gnade Gottes. Solche melden sich gewöhnlich nur durch direkte Erscheinung oder durch etwas, das ihr als "merkwürdige Erlebnisse" bezeichnen würdet. Nun - der Mensch ändert sich mit seinem Tode eben nicht gänzlich...

Will heißen: Diejenigen, welche den letzterwähnten Weg vorziehen, sind meistens solche, die

1. auch zu Lebzeiten medialen Kundgaben gegenüber äußerst skeptisch waren

und/oder

2. wissen, dass ihre Lieben, die potentiellen Empfänger der zu übermittelnden sehr persönlichen Nachrichten, niemals, von sich aus, ein Medium aufsuchen würden,

sodass sie folglich höchstselbst zu gegebenen Mitteln greifen, sich irgendwie adäquat bemerkbar zu machen.

Wie könntet ihr euch wohl weiter auf euren Eremiten verlassen, wenn dieser nicht alles beim rechten Namen nennen würde, nicht wahr..?!

Bruder Felix [5], der Herausgeber dieser Zeitschrift [6], welcher diese einzig und allein nur auf Anregung eures Eremiten gründete, hat wieder einmal die Verantwortung dafür zu tragen, wenn man meiner gegebenen Erklärung, betreffend Mediumismus, nicht zustimmen sollte. Der Eremit weiß jedoch, dass es unter den Lesern genügend echte Wahrheitssucher gibt, die den Herausgeber zu schützen wissen und ihn - deswegen - nie im Stich lassen würden.

Glaubt mir, die Frage der Medialität musste einmal, in euer aller Interesse, angeschnitten und gründlichst durchgesprochen werden, zumal es wohl kaum eine andere Offenbarung geben wird, die den Mut aufbringen dürfte, dieses Thema absolut freimütig zu behandeln.

Es gibt nämlich gechanneltes Material, welches eine direkte Gefahr für den freien Willen darstellt!

Doch ihr alle wisst, dass selbst Gott, der Allmächtige, besagten freien Willen respektiert und schätzt. Lasst euch daher jenes hohe Gut nicht von Medien rauben, die sich entweder ihrer Aufgabe nicht bewusst sind oder aus Voreingenommenheit, und im Vermeinen eigener Vortrefflichkeit, keine ausreichende Sorge tragen, um gegebenenfalls qualitativ bessere und reinere Durchgaben zu erhalten, falls solche einer kritischen Prüfung nicht standzuhalten vermögen.

Keine hochtönenden Anpreisungen sollten euch irreführen!

Prüft jede Botschaft, ob sie echt sein kann oder minderwertig ist; vielleicht fühlt sich die Durchgabe "von drüben" einfach auch nur merkwürdig oder dubios an...

Haltet euch in letzteren Fällen von solchen Medien fern!

Manch integre, medial begabte Person (das heißt insoweit nicht eine bewusst betrügerische Masche obwaltet) bemerkt gegebenenfalls gar nicht, eventuell von jenseitiger Seite aus gefoppt oder irregeführt zu werden..!

Nun... - Zeichen echter Botschaften sind:

- Vor allem: Kürze.

- Weiters eine würdige Sprache ohne schwülstige, süßliche Phrasen.

- Keine von künstlichem Pathos getragene, geschliffene, geschwungene Rede.

- Nie sollten Beschimpfungen geäußert werden; nie Verurteilungen, Verunglimpfungen oder Verdammungen ausgesprochen.

- Echte Botschaften mahnen und raten nur - befehlen niemals!

Natürlich gibt es ebenfalls mannigfaltige Möglichkeiten Fehlinformationen ganz unauffällig und unspektakulär, wie ein schleichendes, "wohlschmeckendes" Gift, einzustreuen! Der Klient eines Mediums sollte deswegen insbesondere auch auf seine Gottverbundenheit und seinen spirituellen Instinkt zu hören wissen, wenn es darum geht, Unterscheidungsvermögen an den Tag zu legen!

An alle, in diesem Sinne, Tätigen: Seid bitte eurem Eremiten nicht gram, dass er auf diesem Gebiet eine schonungslos offene Aufklärung bietet. Es ist wirklich zu eurem eigenen Besten!
Wenn ihr sehen könntet, wie es hier, im Jenseits, manchem Medium ergeht, welches die ihm von Gott verliehene Gabe auf Erden missbrauchte - ihr würdet sofort versuchen, allen Ansprüchen an gutes Channeling gerne gerecht zu werden! Euer Eremit weiß sehr wohl, dass die Behandlung des Themas "Medialität" in diesen Offenbarungen ein Drahtseilakt ist. Ich beabsichtige nicht, jemandes Glauben an mediale Durchgaben zu unterminieren; will auch niemandem schaden - aber dazu aufrufen, die Augen offen zu halten!
Wie schon des Öfteren angedeutet: Es dauert nicht mehr allzu lange und die Möglichkeit einer *direkten* Verständigung mit dem Jenseits wird fast für jedermann möglich werden

- entweder durch die allgemein stärkere mediale Veranlagung Vieler

und/oder

- dadurch, dass auf gerätetechnischem Wege Kommunikationen mit der Welt hinter dem Schleier des Todes ermöglicht werden.

Wartet nicht bis zu jenem Zeitpunkt - denn dann sind alle dubiosen Medien sowieso erledigt!

Bemüht euch schon jetzt um Qualität..!

Und wie könnt ihr wirklich *gute* Medien werden?
Teilt jedem eurer Besucher ehrlich mit, wenn ihr euch, bezüglich Durchgaben "von Oben", mal in keiner zuträglichen Verfassung befinden solltet. Seid offen darin und versucht ein lückenlos einwandfreies Leben der Rücksichtnahme und des Helfens zu führen - ihr werdet staunen, wie rein und klar die euch gegebenen Botschaften dann ausfallen werden..!

Das Gebiet des Mediumismus ist sehr kompliziert und teilweise gar verworren. Es vermischt sich zu viel Echtes mit Talmi, Wahres mit Falschem - und letzteres meistens ungewollt.
Zum Beispiel ist in unserer Zeit der Begriff **"Vatermedium"** gebräuchlich geworden.
Was heißt das eigentlich?
Er besagt, dass der Vater, also Allvater-Gott, das, was gegeben wird, als *von Ihm kommend* zulässt.
Nun, da überhaupt kein Medium Botschaften erhalten könnte, wenn es Gott nicht zulassen würde, ist schließlich *jedes* Medium irgendwie ein "Vatermedium" (so der Empfang von Mitteilungen nicht nur betrügerisch vorgegeben wird, beziehungsweise von der "Dunklen Seite" inspiriert ist).
Allerdings wird der Ausdruck "Vatermedium" - besonders in deutschen Kreisen - heute vielfach unter dem Dach des expliziten Verständnisses gebraucht, dass kein anderer *als Gott Selbst* eine jeweilige Nachricht channelt. Da sich unter manchen "Vaterbotschaften" aber auch solche befinden, die durchaus nicht der Würde entsprechen, die man von einer direkten göttlichen Kundgebung erwarten dürfte, bleiben nur die Erklärungen übrig,

- dass sich entweder eine foppende, jenseitige Wesenheit dazwischengeschaltet hat oder als Lichtwesen trügerisch ausgibt (und Gott mag das in Seiner Weisheit für die Erdbewohner als Prüfung zulassen)

- oder aber, dass das Medium, als empfangendes Instrument, die Botschaft nicht korrekt aufnehmen und im späteren auch nicht richtig interpretieren konnte - ähnlich, wie eine missgestimmte Geige dem Spiel eines virtuosen Violinisten nicht zu genügen vermöchte.

Man kann der Bezeichnung "Vatermedium" noch eine weitere Alternative hinzufügen: Gott ist überall in der Schöpfung - somit schließlich auch in jeder (echten) Kundgabe, welche ein Medium empfängt. Freilich gibt es auch wirkliche "Vaterbotschaften" - doch nicht *so* häufig, wie gerne angenommen...

Ein ganz besonderes Kennzeichen wahrer Botschaften Allvater-Gottes ist ihre klare Ausdrucksweise. Medien, die solche Mitteilungen erhalten, sind meistens sehr bescheidene Menschen. Wenn also einer solchen Kundgabe ein befehlerischer Grundton innewohnt, prüfe man besonders sorgfältig - denn Gott befiehlt nie, sondern empfiehlt nur; ermahnt, legt ans Herz!

Ein echtes "Vatermedium" ist, wie schon erwähnt, von Natur aus bescheiden, voller Liebe, Vergebung und Demut; bleibt meistens, wie wahre Seher und Mystiker, im Hintergrund und tritt nur hervor, wenn es unbedingt notwendig wird.

Nun zur Medialität selbst:
Sie ist nicht nur eine Gabe, sondern - im Besonderen - eine **Gnade**!

Behütet sie - so ihr eine solche besitzt - als ein wirklich heiliges Geschenk von Gott und missbraucht sie nicht!

Es ist nichts dagegen einzuwenden, wenn ein Medium, das keine anderen Einnahmen hat, für Botschaften eine freiwillige Spende von ihren Klienten annimmt - aber nie fordert!

Jedes Medium prüfe sich dabei beständig selbst, ob der Reinheit des gechannelten Materials. Es können keine guten Durchgaben erhalten werden, wenn die Lebensführung und Lebenseinstellung nicht menschenfreundlich und gottgefällig sind!

Es gilt das Bemühen, sich konsequent, in Anschauung und Auffassung, zu reinigen; keine Abscheu, Abneigung oder gar Hass gegen irgendjemanden zu hegen. Es mag manchmal schwer sein, solcher Anforderung zu entsprechen, aber es ist unbedingt notwendig, um immer bessere Botschaften zu empfangen und schließlich wirklich ein *wahres "Vatermedium"* zu werden - eine Gunst, welche, wie erwähnt, in Wirklichkeit nicht vielen zuteilwird.

Tragt daher Sorge, dass ihr euch durch den Einfluss, den ihr auf andere ausübt, nicht blenden lasst. Haltet immer die Zeit im Sinn, da ihr einst selbst ins "Große Jenseits" eingehen werdet!

Authentische Medien, denen es mit ihrer Gottes-Begnadung ernst ist, werden bestimmt auf die Warnung, die euer Eremit hier gibt,

Obacht geben. Und bitte glaubt ihm, denn er weiß, wovon er spricht..!

Spaßt nicht mit dem Göttlichen, der Verantwortung einer wahren Berufung!

Mit gleichem Atemzug indes möchte ich den echten Vermittlern zwischen den Welten eine Botschaft zugehen lassen, welche darin besteht, dass ihr einst für den Dienst, den ihr jetzt in einwandfreier Weise der Menschheit leistet, belohnt werdet.

Darum: Bleibt bitte eurer von Gott verliehenen Gabe treu, für welche ihr dem Herrn, von Herzen, täglich auf Knien danken solltet; weicht nie vom Wege ab, den euch eure innere Stimme ganz unfehlbar weisen wird und seid tatsächlich eine Hilfe für jene, die jetzt schon *ahnen*, dass es ein Fortleben nach dem Tode gibt, aber vorläufig noch auf keine andere Weise davon überzeugt werden können, als im Besonderen eben durch mediale Durchgaben...

So ist dies eine wundervolle Mission - erfüllt sie getreu und erweist euch derselben als würdig!

Nutzt die euch, als alleinigen Vermittlern zwischen Diesseits und Jenseits, verbleibende (wohl nur noch absehbar kurze) Zeit zu eurer Seelenreifung und zum Besten der suchenden Menschheit aus, ehe der direkte Kontakt zwischen den Welten auf einer mehr allgemein zugänglichen, geräteinstrumentellen Basis hergestellt sein wird...

Übrigens äußert sich - wie ihr bestimmt wisst - die mediale Veranlagung, durch welche der Strom der Verständigung zwischen Irdischem und der Transzendenz hindurchfließt, auf verschiedene Weise: Es gibt Schreibmedien, Sprechmedien, Zeichenmedien und solche, die ganz deutlich von einer inneren Stimme geleitet werden.

Auf solche Weise werden auch Mystikern Offenbarungen zuteil.

Mannigfach sind die Varianten: Direktes Diktat durch eine gehörte Stimme, Anweisungen "von Oben" zu erbetenen Handlungen - wie etwa Schreiben, Aufsuchen von Orten, respektive Menschen, um eine Fügung zu realisieren oder öffentliche Predigten. Vielleicht werden auch Eingebungen empfangen, welche wie eine sichere Ahnung empfunden werden. Nicht zu vergessen die Intuition - wobei keine Stimme gehört wird, dafür aber Gedanken und Visionen als absolute Gewissheit im Inneren auftauchen.

Gerade *weil* Medialität - wie schon hinreichend betont - eine von Gott geschenkte Gabe ist, wartet, bis sie sich von allein einstellt und seid sodann anfänglich auch eher vorsichtig mit dem, was erhalten wird. Prüft euch gegebenenfalls kritisch - es dauert oft Wochen, manchmal Monate, ja, sogar Jahre, ehe Botschaften wirklich einwandfrei sind.

Erst wenn es soweit ist, kann man ernsthaft in Erwägung ziehen, mit solchen hervorzutreten.

Wie allerdings kann man besagte Güte objektiv feststellen..?
Denkt daran, dass alles seine Zeit hat.
Wenn der Ruf Gottes (in der Öffentlichkeit wirksam zu werden) in euch entflammt, werden sich dafür auch die Gelegenheiten - scheinbar ganz von allein - ergeben; zupassende Umstände einstellen und geboten werden.

In der Natur gibt es nirgends unnötige Vergeudung. Deshalb wird auch eure Gabe, wenn sie ausgebildet ist, nicht umsonst gegeben sein.

Über allem waltet die dafür sorgende höhere Führung!

32 - Einblicke ins "Große Jenseits"

Im sogenannten "Jenseits" geht es dermaßen schillernd vielfältig zu, dass es für jemanden, der noch nicht in das "Land hinter dem Schleier" eingegangen ist, einfach unmöglich sein dürfte, sich ein einigermaßen adäquates Bild von den dort vorherrschenden Zuständen zu zeichnen...

Behelfsmäßig lassen sie sich als genauso reichhaltig und verschiedenartig, wie das Denken der einzelnen Menschen auf Erden - unserem "Diesseits" - charakterisieren. Doch auch mit diesem Vergleich ist die Grenze des Erklärungsversuches, bezüglich der transzendenten Verhältnisse, Bedingungen und Formbildungen, noch lange nicht ausgelotet..!

Am trefflichsten scheint das Jenseits in den Auslegungen des "Geistigen Lebens" mit den Begrifflichkeiten des "Zustandsmäßigen" und "Örtlichen" angesprochen.

Wenn, nach längerem Ableben, bei einem Verstorbenen schließlich das Zustandsmäßige mit dem Örtlichen zusammenfällt, ist indes damit, vom irdischen Standpunkt aus betrachtet, noch immer kein klares, objektives Bild von den wirklichen Gegebenheiten im Jenseits widergespiegelt. Für einen Verstorbenen selbst ist das bewusst erlebte "Drüben" freilich absolut (ultra-)real.

Würde aber ein solcher Jenseitiger versuchen, seine Verhältnisse einem irdischen Menschen zu schildern, wäre ihm das unmöglich. Er wüsste gar nicht, wie man das so recht und aufschlussreich anfangen sollte, weil er es mit seelisch Durchgeistigtem zu tun hat, in welches er, während seines Weilens "hinter dem Vorhang des physischen Todes", das heißt seit seinem irdischen Ableben, langsam hineingewachsen ist, ohne es so recht bemerkt zu haben.

Damit ist aber ganz und gar nicht gesagt, dass das Jenseits nur subjektiv sei!

Einem Abgeschiedenen erscheint tatsächlich das Jenseits, nach längerem Weilen dort, viel objektiver, viel substantieller, viel wirklicher, als irgendetwas, während seines irdischen Lebens, für ihn hier auf dieser Erde jemals gewesen war!

Dieser Einführung kann schon entnommen werden, welch gewaltige Aufgabe es (selbst für einen Meister) sein muss, das Jenseits für irdische Menschen allgemeinverständlich zu erklären! Vom Umstand ableitend, dass bezeichnetes Jenseits überhaupt erst existiert, seit es denkende Menschen gibt, könnte man schlussfolgern, dass es - ergo, analog dazu - mindestens aus genausovielen divergierenden Welten bestehen sollte... [1]

Weil sich im Zustandsmäßig-Örtlichen gewöhnlich Gleichgesinnte zusammenfinden, formen diese dort für sich, durch ihre gemeinsamen Denkmuster, manchmal scheinbar endlos weit ausgedehnte Welten. Trotzdem verhält es sich mit dem Jenseits aber doch nur so, wie vorhin angedeutet - nämlich, dass es vor dem Existieren intelligenter, sterblicher Wesen, also explizit uns Menschen, als ein solch bestimmter Raum der Transzendenz, überhaupt noch nicht vorhanden war, respektive sein konnte.

Ein vergleichendes Beispiel mag das für viele seltsam Klingende etwas einleuchtender gestalten:

Angenommen, im Kosmos gäbe es für den Erdenbewohner, neben der Sonne, welche seinen Tag erhellte, keinen Stern. Er hätte dann - des Nachts - nicht die geringste Vorstellung davon, was dieses große Nichts über ihm nun so eigentlich sein könnte. Nur durch das sternübersäte, nächtliche Himmelszelt, über welches auch der Mond seine phasenwechselnde Bahn zieht, wandelt sich dieses fiktive "Nichts" klar zu einem *Raum*.

Ähnlich liegen die Verhältnisse beim Jenseits.

Vor dem Auftreten des Menschen war der feinmaterielle Raum um uns herum ein großes, inhaltsloses Nichts. Als sich aber intelligenzbegabte Wesen Gedanken- und Vorstellungwelten formten, wurde besagtes großes, inhaltsloses Nichts zu einem *Etwas* unbegrenzter Kapazität, welches alle nur denkbaren Bereiche in sich aufzunehmen vermochte. Infolge seiner Differenzierung, bis zum allerfeinsten Seelischen und Geistigen, wird es *niemals* überfüllt werden, da sich sämtliche Frequenzen in der erschaffenen Jenseitskonstruktion völlig durchdringen oder überlagern können, ohne einander zu stören.

Dieses Jenseits wird durch die Reichweite der verschiedenen Gedanken und Vorstellungen zu einem Örtlichen mit abgegrenzten Vibrations-Oktaven [2], in dem sich Gleichgesinnte zusammenfinden, deren Zustandsmäßiges (gleichgerichteter Werte, Ideale und Ideen) zu einem **örtlichen Verhältnis**

kristallisiert, das sich nun in den verschiedenen elektromagnetischen Strati [3] der Erde - weit über ihre Atmosphärengrenze hinaus; in der umgebenden Aura - als sogenannte "Sphären" bannt.

Das ist zwar immer noch eine recht diffus erscheinende Definition, stellt aber zumindest einen, so denke ich, passablen Versuch dar, das Jenseits der Menschen einigermaßen gelungen zu charakterisieren. Aus dieser andeutungsweisen Beschreibung des besonderen **transzendentalen Raumes** wird es wohl aber verständlich geworden sein, dass jede mediale oder spiritistische Botschaft von dort, ebenfalls jedes okkulte Eigenerlebnis, immer wieder facettenreich und weiters verschiedenartig, voneinander divergierend, sein kann und wird...
Trotzdem solche Botschaften von "drüben" auch oft helfend und tröstend wirken (insoweit sie die Gewissheit von einem Fortleben nach dem irdischen Tod transportieren), gewähren sie aber doch nur sehr wenig Einblick in die wirklich vorherrschenden Verhältnisse. Man nehme deswegen solche Informationen jeweils zunächst immer nur als *bedingt* hin.
Dieser Hinweis soll nun nicht als Herabsetzung, demnächst immer häufiger auftretender medialer Begabung, gewertet werden, sondern nur als eine Mahnung zur Vorsicht, bezüglich der Bewertung des Inhalts übermittelter, das heißt durchgegebener, gechannelter Auskünfte.

In Gottes Schöpfung wird kein Platz vergeudet. Alles wird sofort immer wieder für neue Schöpfungswesenheiten [4] ausgenutzt, sobald sich durch irgendwelche Umgruppierungen (infolge Veränderung der Umstände) oder diverse andere Kräfteauswirkungen neue Raumausdrucksmöglichkeiten [5] bieten. Daher befinden sich im Jenseits, außer den Seelen verstorbener Menschen, auch noch schemenhafte Lebensvitalitätshüllen [6] von Tieren; und dies intensiver und deutlicher manifestiert bei solchen, welche - irdisch einverleibt - als Haustiere mit Menschen eng zusammenlebten. Am kräftigsten sind diejenigen solcher Tiere, die auf Erden echte Zuneigung und Liebe zu den ihnen zugehörigen Menschen empfanden. Ihre Hülsen stellen schon nahezu herangereifte tierische Seeleneinheiten dar.

Außerdem ist das Jenseits - sowohl das zustandsmäßige als auch das örtliche - mit schemenhaften Schattenwesenheiten bevölkert, welche wie (Seifen-)Blasen von magnetischen Strömen hin- und hergeschaukelt werden und einfach dahinschweben. [7] Es sind Formen von Wesenheiten, die eine **ganz andere** Entwicklung als wir Menschen durchmachen. Diese sind es mitunter, welche sich bei spiritistischen Zirkeln in den magnetischen Kreislauf der um ein Medium gruppierten Teilnehmer mischen, um - aus Übermut, Spott oder Arroganz - den Sitzungsteilnehmern vorhandene Eigenschaften von erbetenen Kontakten foppend vorzugaukeln und/oder falsche, ja, oft sogar die unsinnigsten, Botschaften zu formulieren, beziehungsweise Behauptungen aufzustellen.

Genauso wie der Mensch auf Erden mit Tieren und Pflanzen zusammenlebt, existieren auch die Seelen Verstorbener im Jenseits gemeinsam mit anderen Wesenheiten, die aber in ihrer Entwicklung alle unter den Menschenseelen stehen.

Meistens werden die Abgeschiedenen der Erde der anderen erwähnten Bewohner des Jenseits nicht ansichtig [8] und auch von diesen nicht belästigt - außer eine Seele wird durch den Magnetismus eines lieben Angehörigen oder einer sonstigen geliebten Person in den Bannkreis eines spiritistischen Zirkels auf Erden getrieben, wohin sich die erwähnten schemenhaften Wesenheiten ebenfalls hingezogen fühlen und das dortige Medium umlauern. Darum lasse man die Seelen seiner verstorbenen Lieben in Ruhe und zitiere sie nicht künstlich durch eine Séance herbei. Stellen sich die Abgeschiedenen aus eigenem Antrieb ein, so sind sie auch meistens von ihrem Schutzgeist begleitet, der sie vor Gefahren abschirmt und bewahrt.

Man vergesse nicht, dass die der Erde Verstorbenen im Jenseits ebenfalls Aufgaben zu lösen haben! Kommen sie hingegen aus freien Stücken, um irgendetwas wissen zu lassen oder zu trösten, wird sich für solche allein schon irgendein Weg dafür finden - entweder durch Beeinflussung in einem Wahr-Traum, durch ein kurzes Sichtbarwerden, Gerüche, Manipulation von elektrischen Geräten (wie Lampen, Radios et cetera) oder durch sonstige Beeindruckungen, welche von den hinterbliebenen Empfängern als Ahnung, gegebenenfalls auch konkrete Eingebung gespürt werden.

Gewiss möchten viele Leser wissen, was wohl aus ihren Lieben geworden ist, die im Krieg, an der Front [9], ihr Leben lassen mussten.

Ihr braucht euch nicht um diese zu sorgen..! Sie sind tatsächlich in vielerlei Hinsicht besser dran, als mancher, der eines natürlichen Todes gestorben ist. Diese Menschen haben nämlich während ihrer soldatischen Ausbildung ein gewisses Zusammengehörigkeitsgefühl, ein Kameradschaftsverhältnis entwickelt, welches sie seelisch, gleich nach ihrem Übertritt hinter den "Schleier", zu einem anderen im Militärdienst Gefallenen ziehen wird.

Im Jenseits setzt sich die Entwicklung der Menschenseelen fort.

Der freie Wille ist dabei nicht gestört; funktioniert unter Umständen nur schwerer, weil sich dort, mit jeder neuen gedanklichen Einstellung (besonders nach erst kurzem Weilen in der Transzendenz), gleichzeitig auch die Umgebung ändert.

So gibt es unter den Menschen auch solche Seelen, die bis heute noch an ihren alten irdischen Identifikationsmustern festhalten. Bei manchen wird es gar lange dauern, ehe eine alternative, bessere Einsicht Platz greifen mag.

Solche bleiben sich selbst überlassen - finden sich schließlich aber auch in Gruppen zusammen, welche ihre einseitige, beengte Sicht und Auffassung der Dinge noch bestärken. Einmal indes kommt der Wandel auch zu ihnen!

Viele Erfindungen, die ihr Menschen auf Erden macht, sind euch von weiter vorgeschrittenen, wissenschaftlich veranlagten Seelen aus dem Jenseits eingegeben worden, während ihr glaubtet, ihr hättet die Lösungen dazu ganz allein errungen. Freilich gilt das nicht für *alle* Entdeckungen - doch selbst bei solchen, bei denen keine direkte Hilfe und Beteiligung aus der Transzendenz erfolgte, lag doch zumeist irgendwie eine Unterstützung unsichtbarer, daran interessierter Seelen aus feinstofflicher Welt vor.

Vom Jenseits aus wird sowohl über die Menschheit in ihrer Gesamtheit, als auch über jeden Einzelnen (bei letzteren via ihren persönlichen *Schutzengel*) gewacht. Darum braucht ihr euch auch nicht übermäßig zu sorgen, ob die Weltbevölkerung durch irgendeine bestialisch-grausige Entdeckung vernichtet werden könnte. Jede neue perfide Waffen-Erfindung wird von gereiften, aufgestiegenen Seelen lichter Sphären sofort mit einem

Gegenmittel gekontert, welches irdischen Wissenschaftlern und/oder Ingenieuren eingegeben wird.

Auf diese Weise kommt es, dass, bis jetzt, tatsächlich jeder neuen schädlichen Erfindung auch ein "heilender Widerpart" entgegengesetzt werden konnte. Und so wird es immer sein..!

Wenn es sich allerdings bei einer von Menschenhand generierten Geißel um eine **Zulassung Gottes** handelt, welche dazu beiträgt die Menschen durch Leiden wieder zur Besinnung zu bringen, kann - das heißt *darf* - seitens der Seelen des Jenseits nichts dagegen unternommen werden!

Wie ebenfalls schon oft genug betont, gibt es ein Fortleben nach dem Tode - also ein Jenseits - für **jeden** Menschen!

Hat jemand auf Erden nicht an Gott geglaubt, so wird ihm sein Zweifel dort (scheinbar paradoxerweise) nicht zwangsläufig genommen werden, ja, unter Umständen, der Glaube sogar noch schwerer fallen. [10] Daher existieren in den Sphären auch Kreise Gleichgesonnener, welche die Realität Gottes weiterhin negieren, obschon sie zugeben müssen, dass sie sich auf Erden, bezüglich ihres (seelischen, irdisch nachtodlichen) Fortlebens täuschten, denn sind sie sich ja ihres Seins vollkommen bewusst.

Von Gott können - und wollen - sie sich aber auch "drüben" keinen Begriff machen! So lachen solche tatsächlich über das Vorhandensein eines Gottes noch genauso arg, wie sie es einst auf Erden getan hatten. Mit dieser Haltung bannen sie sich allerdings an die Schwingungen recht niedriger, wenig fortgeschrittener Sphärenbereiche. Mit der Länge der Zeit mag solcherart eingestellten Menschenseelen ihr jenseitiges Dasein freilich recht langweilig werden und sie sehnen sich nach Besserem!

Sobald das der Fall ist, werden sie, wie zufällig, entwickelteren Geistern begegnen - und können von diesen lernen..!

Benannter Paradigmenwechsel ist für solch widerborstige Seelen aber auch dann immer noch kein Kinderspiel, durchaus also kein "Selbstläufer"; vielen fällt es wirklich schwer, das Gegebene zu akzeptieren, weshalb sie permanent aufs Neue der Obhut höherer Seelen zugeführt und anvertraut werden, bis sie schließlich, nach zähem Ringen, durch eine ihnen zusagende, perfekt auf sie abgestimmte, Belehrung aus ihrer Verbissenheit, Verbohrtheit und einseitigen Verschrobenheit herausgerissen werden (das heißt *sich selbst* herausreißen).

Für eine, der Wahrheit zugänglich gewordenen, Seele ändert sich damit auch *sofort* ihre Umwelt - was sonst vielleicht Jahrtausende (unserer Form der Zeitrechnung) gedauert haben könnte. Renitent regide Gottesleugner verdösen nicht selten ihr jenseitiges Dasein, ziehen die Phasen ihrer Entwicklung ungebührlich in die Länge, wobei ihnen immer schwerere Prüfungen auferlegt werden - bis endlich, durch den ersten Funken Einsicht, ein leiser aber nachhaltiger Umschwung in ihrer Anschauung eintritt.

Nach dieser kurzen Einführung in das Zustandsmäßige und Örtliche des "Großen Jenseits" wird es dem Leser vielleicht möglich sein, meinen nun folgenden Ausführungen über das Thema besser folgen zu können...
Beim Lesen dieser Offenbarungen sollte jedoch sorgfältig darauf geachtet werden, dass man sich niemals dogmatisch an einer Wort- und/oder Satzwendung bindend festklammert. Meine Lehr-Botschaften sind stets nur dem Geist und nie dem Buchstaben nach zu bewerten. Jeder, der diese Mitteilungen liest, lasse dabei seine eigene Auffassung mitsprechen und setze seinen Mitmenschen nicht unter Druck, sollte das Geschriebene bei jenem ein anderes - alternatives - Verständnis auslösen.
Wie oft weist Gott uns darauf hin, dass nur der Geist lebendig macht, der Buchstabe indes tötet! [11]
Die Nicht-Beachtung dieses Grundsatzes hat zum Beispiel dazu geführt, dass sich, verquer der Basis der so einfachen, schlichten und einleuchtenden Lehren des Gottessohnes, unzählig viele Gruppierungen gebildet haben, von denen manche sich, bezüglich ihrer Existenz, lediglich auf einen Satz, auf ein Wort, manchmal sogar nur auf eine Interpunktionsauslegung stützen. Lasst bitte solchen kleinkarierten Geist beim Erlesen meiner euch gegebenen Offenbarungen niemals obwalten!
Folgt bitte diesem Hinweis, dann wird euch das Zugekommene viele neue Inspirationen zu bieten haben - andernfalls dagegen zum Ärgernis werden, wodurch ihr euch selbst nützlicher Aufklärungen berauben würdet..!

33 - Wie es der menschlichen Seele im "Großen Jenseits" ergeht

Sehr wohl ist mir bewusst, dass jeder Sterbliche gern mehr über das Jenseits lesen und gesichert in Erfahrung bringen möchte! Man glaubt, das diesseitige Leben, mit seinen Leiden und Beschwernissen, leichter zu ertragen, wenn, betreffend des nachtodlichen Seins, eine Gewissheit und Erkenntnis dessen, was detailliert folgt, zu erringen wäre.

Das hat zwar seine Berechtigung - doch jedermann kann, bis zu einem bestimmten Grade [°], zu solchem Wissen selbst gelangen, wenn er sich nach den Geboten richtet, die den Menschen von Gott gegeben sind. Dann wird die Seele nämlich nicht allzu stark an der irdischen Welt hängen und damit auch für die permanent existierenden Einflüsse des Jenseits empfänglicher werden, welche von den meisten Menschen hauptsächlich nur deswegen nicht gespürt werden, weil sie, infolge ihrer zu stark irdischen Lebensweise, dafür nicht aufnahmefähig genug sind.

Jeden, der eine innige Gottverbindung lebt und sich in seinem Denken und seinen Taten entsprechend ausrichtet, wird eine innere Ruhe überkommen, die auch das schließliche Scheiden aus seiner vergänglichen physischen Hülse zumindest erträglich erscheinen lässt.

Das Sterben, an und für sich, ist nicht so schrecklich, wie man gemeinhin denkt. Der eigentliche Vorgang nimmt manchmal Stunden in Anspruch, was der Betroffene aber nicht weiß und somit auch nicht empfindet. Für *ihn* ist das Sterben lediglich ein Einschlafen infolge scheinbar eingetretener starker Ermüdung und Ermattung.

Wenn wir im täglichen Leben ans Sterben denken, ist uns immer der so grauslich erscheinende, befürchtete Umstand des gänzlichen Verlöschens des Bewusstseins vor Augen - das ist jedoch ebensowenig der Fall wie beim Einschlafen..! [1] Und genauso, wie wir erst nach dem Aufwachen wissen, dass wir überhaupt geschlafen haben [2], erkennen manche oftmals erst lange Zeit nach ihrem physischen Tod (das heißt nachdem ihre *Seele* und ihr *Geist* den *irdischen Körper* verlassen haben [3] und erstgenannte, unvergängliche Wesensteile sich schon längst im "Großen Jenseits" befinden), dass sie tatsächlich gestorben sind!

Unser Erlebnisbewusstsein ist während des Sterbeprozesses nicht ausgelöscht, wie das beim Einschlafen ebenfalls niemals der Fall ist. Und gleich wie (naturgegebenermaßen) noch niemand bei vollem Bewusstsein "in Morpheus Arme gesunken ist", kann - normalerweise - auch keiner sein eigenes Sterben beobachten. *"Normalerweise"*... Denn ab und zu kommt das trotzdem vor, wenn, zum Beispiel, ein Mensch keine Todesfurcht kennt und sich mit seinem Geschick abgefunden hat.

Kurz: Es könnte solches bei Menschen geschehen, die

- entweder sicher wissen (oder fest ahnen), dass es ein Fortleben nach dem Tode gibt

oder

- bei solchen, die kein Verlangen mehr nach einem Weiterleben hier auf Erden hegen - sei es infolge unerträglicher Schmerzen, schwerer, langwieriger Krankheit, Behinderung, Enttäuschungen, Verbitterungen irgendwelcher Art oder weil sie keinen Existenzsinn in ihrem physischen Dasein mehr sehen, da sie ohnehin alleine dastehen und alles verloren haben, respektive zu haben glauben.

Wirklich gute und fromme [4] Menschen sehen ebenfalls furchtlos dem Tod entgegen; begrüßen ihn gegebenenfalls sogar, wenn er kommt, weil der Sterbeprozess nun mal ein Vorgang ist, den alle durchzumachen haben, ob sie es nun wollen oder nicht..!

Sterben ist auch deswegen nicht so furchtbar, weil jeder Mensch einen Schutzgeist hat und sich, darüber hinaus, unzählige Bewohner der Transzendenz freiwillig der Aufgabe widmen, Hinübergehenden beim Verlassen ihrer irdischen Hülle zu helfen und sie im "Großen Jenseits" willkommen zu heißen; den Neulingen in der anderen Welt - für eine Zeit, das heißt solange diese es wünschen und/oder es für nötig und gut erachtet wird - Berater und Helfer zu sein. [5]

Wer erst im reiferen Alter stirbt, besitzt in der Regel Verwandte, Freunde und Bekannte, welche ihm im Tode vorausgegangen sind und nun, nach Eingehen ins "Große Jenseits", unterstützend zur Seite stehen. Es ist wirklich erstaunlich, wie manch schon lange im Jenseits Weilender geradezu sehnlichst auf den Augenblick wartet, einem sterbenden Ehepartner, Verwandten oder Freund beim Übergang vom Diesseits "nach drüben" behilflich sein zu dürfen! Oftmals kann sich dabei eine gerade ins Jenseits eingehende Seele überhaupt nicht mehr entsinnen, *wer* der Geist eigentlich ist, welcher ihm dann treu zur Seite steht... Es mag vielleicht jemand sein, dem man einst auf Erden eine Gefälligkeit erwiesen hatte, an welche man sich überhaupt nicht mehr erinnern kann, die aber für den, dem man sie erwies, von großer Bedeutung gewesen war. [6]

Für die Angehörigen eines Sterbenden, die am Krankenbett des zuweilen arg leidenden Patienten stehen, stellt sich die Lage problematischer, diffiziler, dar:
Diese nehmen nämlich zuvorderst das Ringen der Seele um ihr Freiwerden von der irdischen Hülle wahr, was sich, bei letzterer, als Todeskampf ausprägt. Seele und Geist eines Sterbenden selbst merken - bewusst - meistens nichts davon, da ihr eigentliches Erlebnisbewusstsein das Interesse an rein irdischen Vorgängen schon verloren hat und bereits fühlend ins "Große Jenseits" hineintastet - was etwa der Phase des Hinüberträumens beim Einschlafen entspricht.
Diesen Zustand des Bewusstseins könnte man als "komatös" bezeichnen.
Dabei ist ein scheinbares Sich-Winden des Körpers, im vermuteten Schmerz der Agonie, für den Sterbenden selbst genauso unbewusst, wie bei einem neugeborenen Kind, wenn es strampelt und schreit - da dies automatische Prozesse des Wachstums für den kleinen Kindskörper und die Ausdehnung der Lungenflügel sind.

Nun - was kann ich empfehlen..?
Wenn man am Lager eines Sterbenden weilt, verhalte man sich ruhig. Auch wenn es der liebste Angehörige oder beste Freund ist, solltet ihr nicht herzzerreißend weinen und schreien, wenn der Tod mit Riesenschritten naht und schließlich eintritt.
In Hospitälern und Hospizen ist es nicht selten Gepflogenheit, das meistens auf Rollen ruhende Bett in ein leeres Zimmer zu fahren, sodass dort völlige Ruhe um einen ins "Große Jenseits" Hinüberträumenden herrscht. Gewiss geschieht solch eine getroffene Maßnahme in erster Linie wohl deswegen, in einem großen Krankensaal die anderen Patienten nicht zu beunruhigen oder aufzuregen - jedoch wird damit einem Sterbenden,

unbewusst, ein großer Dienst erwiesen, ohne dass die Ärzte und das Pflegepersonal das ahnen mögen.

Der Grund ist folgender:

Obwohl das *Erlebnisbewusstsein* eines Sterbenden in der Regel vom eigentlichen körperlichen Leiden nichts mehr spürt, weil es, wie erwähnt, langsam das Interesse an rein irdischen Dingen verliert, so befindet es sich aber trotzdem in einem Status, einer Phase des Hineinfühlens ins Jenseits, welche(r) einem seelischen Sammlungsprozess gleichkommt.

Laut entäußerte Emotionen von trauernden und sich fürchtenden Angehörigen, jammerndes Klagen oder gar das schmerzvolle Sich-Hinüberwerfen auf den Körper eines Sterbenden, im Gefühl des zu erwartenden Verlustes, stört dessen Seelenkörper und somit sein geistiges Erlebnisbewusstsein, was zur Folge haben kann, dass Seele und Geist eines Solchen für längere Zeit nochmals an den irdischen Körper gefesselt werden und der Sterbeprozess unnötig leidvoll in die Länge gezogen wird - und zwar in einer *unharmonischen* Weise, was **dann** tatsächlich auch fühlbare Todeskampfschmerzen auslösen mag, während sonst, bei ungestörtem Hinübergleiten, die eigentliche Agonie unbewusst für das Seelengewahrsein des Betreffenden abgelaufen wäre.

Die erste Zeit nach dem Ableben eines Menschen (und diese "erste Zeit" kann in Momenten, in Einzelfällen auch in Jahren und Jahrzehnten gemäß irdisch-chronologischen Begriffen bestehen, da im "Großen Jenseits" ein anderes Verhältnis zur Zeit zugrundeliegt) ist meistens eine angenehme für den Abgeschiedenen.

Entweder fühlt er/sie sich endlich von allen irdischen Schmerzen und/oder Sorgen befreit und/oder man empfindet einfach eine beseligende Ruhe. Das hängt ganz von der Art des sich sammelnden Einfühlens der Seele und des Geistes in die neuartige Umgebung ab.

Wir erleben Ähnliches durchaus auch auf Erden, wenn wir eine neue Stellung antreten, in ein neues Haus einziehen oder in eine fremde Umgebung, vielleicht während eines Urlaubes, versetzt sind... Da sind alle geschulterten Belastungen vorübergehend ins zweite Glied verdrängt, weil zu viel Neues auf unser Erlebnisbewusstsein einstürmt..!

Dies erfährt eine Änderung, sobald sich Seele und Geist eines Verstorbenen im "Großen Jenseits" "akklimatisiert" haben - nun tritt alles wieder vollumfänglich zum Vorschein, was uns auf Erden hauptsächlich beschäftigte und unseren Charakter, sowie unsere irdische Persönlichkeit ausmachte und von dort auf das Ego - als unsere seelische und geistige Gestalt - reflektiert hatte.

Diese Neuorientierung prägt sich regelhaft erst allmählich aus - etwa so, wie sich eine Sympathie oder Antipathie *entwickelt* und, von innen heraus, gefühlt wird. Unsere irdische Charakteristik und Eigenart entspricht der Gesamtwesenheit, die unsere im "Großen Jenseits" gesammelte Seele, nebst Geist, vollkommen ausfüllt, sodass wir schließlich als das dastehen, was wir in Wirklichkeit eigentlich sind und immer waren - nur, dass wir es im irdischen Leben bemänteln und verbergen konnten, was "drüben" indes nicht mehr geht.

Wir erscheinen und begegnen jedem Bewohner des Jenseits ganz und gar authentisch und echt - es gibt keine Möglichkeiten irgendetwas zu verstecken, zu verschleiern, zu beschönigen..!

Wir sind (trotz Bekleidung) wie "nackt", da unser Gefühlskörper sozusagen zu unserer äußeren Hülle geworden ist. [7]

Langsam, aber unabwendbar, werden wir bald, wie magnetisch, zu jenem **örtlich fixierten** Ambiente hingezogen, welches mit unserer eigentlichen Persönlichkeit korreliert und daher kompatibel ist. Erst eine Änderung des wesenhaften Kerns - aus innerster Überzeugung -, versetzt uns in eine aufsteigend bessere Umgebung und unter Wesen, die der geläuterten inneren Auffassung entsprechen.

Es ist gesetzmäßig im "Großen Jenseits", dass im "Gerichteten Zustand" [8] Befindliches sich zum Zustandmäßigen der Seele hingezogen fühlt und somit zu einer dementsprechenden Örtlichkeit verschmilzt. Dieses "Gerichtet Zustandsmäßige" und "Örtliche" hat aber keinen Einfluss auf den freien Willen einer Seele und des darin eingeschlossenen Geistes, also auf das Ego, das Erlebnisbewusstsein!

Der freie Wille jeder menschlichen Entität bleibt - sowohl im Diesseits, wie auch im "Großen Jenseits" - absolut unangetastet!

Dementsprechend gibt es auch keine *ewige* Verdammnis, weil jeder - sollte er sich in einem höllischen Zustandsmäßigen und Örtlichen befinden - von dort wieder herauskann, sobald er sich innerlich zu seinem Besseren bekehrt, seinen Charakter wandelt und sich geläuterte Auffassungen und Anschauungen zu Eigen macht. [9]

Hier mögen einige einwenden, dass es demnach ja auch keine *ewige* Seligkeit geben könne, weil man sich aus einer solchen Position ja mit dem freien Willen ebenfalls wieder selbst herausschaffen könne...
Theoretisch ist das richtig, praktisch aber nicht zutreffend.
Welche Seele, nebst Geist, eines Verstorbenen würde wohl aus freien Stücken aus einem beseligenden Zustandsmäßigen und Örtlichen wieder herauswollen? Namentlich dann, wenn sie vorher im Zustandsmäßigen und Örtlichen der Verdammnis weilte, wo alles verquer, bedrückend und beängstigend ist/war?
Wie aus diesen Ausführungen zu entnehmen, bezieht sich das Wort "ewig" bei der Verdammnis und Seligkeit nur auf das dementsprechende Zustandsmäßige und Örtliche, aber niemals auf eine Menschenseele (inklusive deren darin eingeschlossen-waltenden Geist), welche für immer den freien Willen besitzen und deswegen aus freiem Entschluss jedes "Ewige" allezeit wieder verlassen können. Eine gereifte Seele wird zum Verlassen der Seligkeit, Fülle und Harmonie keine Veranlassung verspüren, kein Verlangen in sich tragen.

Indes: Ihr habt kaum eine blasse Vorstellung davon, *wie* beseligend tatsächlich die "ewige Seligkeit" im Jenseits ist!
Sie bedeutet ja nichts statisch determiniertes, sondern unterliegt - wegen des permanenten Strebens nach Vollkommenerem - steten Steigerungen, die ihr nicht einmal zu erahnen vermögt!
Würde euch das Seligkeitsempfinden nur einer mittleren lichten Sphäre des Jenseits in eurem Alltagsleben überkommen - ihr könntet das nicht aushalten, und es würde euch vor Wonne geradezu unmöglich erscheinen, ein ferneres Sein auf der physischen Erde zu ertragen.
Um jedoch in ein solch ersehntes zustandsmäßig Örtliches im "Großen Jenseits" einzugehen, braucht es allerdings die dafür nötige Vollreife - welche zumeist erst noch errungen werden muss! [9]

Nun möchtet ihr bestimmt gerne wissen, wie man sich eine solche beseligende Wonne ansatzweise vorstellen könnte...
Hmmm... Sie kann euch leider empfindungsmäßig nicht adäquat vermittelt werden, doch könnt ihr, unter bestimmten

Verhältnissen und Bedingungen, einen blassen Schimmer davon schon auf Erden erfahren. Es mag, behelfsmäßig, verglichen sein mit

- dem Wechsel von erdrückender Sorge zu einer, diese vollständig behebende, guten Nachricht,

- dem Genesen von einer schweren Krankheit, wenn ihr euch wieder leicht, frei und heiter fühlt,

- dem Vollbringen einer guten, selbstlosen Tat,

- dem Vorüberzug eines schweren Gewitters - wenn sich am Abend der Himmel aufklart, kein Lüftchen mehr bewegt und nach der Tageshitze eine erfrischende Abkühlung eingetreten ist, sodass ihr euch vor innerem Behagen dehnt und streckt...

Vervielfältigt die hier als Beispiel angeführten Momente und verstärkt sie ins Unermessliche - dann habt ihr ein schwaches Bild von den Seligkeiten im "Großen Jenseits".
Jeder wird dieser Seligkeiten teilhaftig, sobald er innerlich dafür reif geworden ist, denn **reif** muss man sein, weil man sie sonst nicht als solche empfinden würde.
Zum Beispiel hätte ein reiner Genussmensch und "Partylöwe" kaum ein Auge für die Schönheiten der Natur. Er ginge daran vorbei und würdigte sie keines Blickes, weil sie in seinem Inneren keinen Widerhall fänden; ihm fehlte es an der nötigen Resonanzfähigkeit - entsprechend dem Ermangeln voraussetzender Reife.
Während sich in der physischen Schöpfung *Gegensätze* anziehen und durch ihre ergänzende Polarität alle Bewegung und Veränderung hervorrufen, kann seelisch empfundene Harmonie nur durch **Gleich**stimmung hervorgerufen werden.
Auf jemanden, der innerlich für "Himmlisch-Gefühlsmäßiges" kein Empfinden besitzt, kann sie nicht einwirken; das heißt: ohne Harmonie besteht keine Kompatibilität mit dem "Himmlisch-Beglückenden". Analog würde es, zum Beispiel, ein trocken-wissenschaftlich orientierter Botaniker nicht vermögen, die Farbenpracht und den Duft von Blumen zu *genießen* - kurz: in den Schönheiten der Natur zu schwelgen - nur weil er von jeder Pflanze die genaue Zahl und Form der Blätter, die Farbe der Blüten, sowie die Anatomie der Kelche und Staubfäden kennt..!

*

Gar manchen ist es eine bedrückende Frage, warum sich liebe Verstorbene nicht bei ihnen melden...
Das ist jedoch viel häufiger der Fall, als ihr gemeinhin annehmt - doch die Abgeschiedenen können euch oft nicht erreichen, weil ihr sie entweder nicht neben euch spürt oder euer inneres Gehör und Gesicht [das heißt Sehen] nicht entwickelt ist.
Weiters verlieren jene allmählich genauso das Interesse an den Dingen der feststofflichen Erde, wie jemand, der aus seiner alten Heimat ausgewandert ist und mit der Zeit immer weniger schreiben wird, weil

- er entweder ausreichend mit der Überfülle an neuen Eindrücken beschäftigt ist,

- er nun mit, ihm im Tode vorausgegangenen, Angehörigen verbunden ist,

- es ihm, wegen des zunehmenden Auseinanderdriftens der Erlebniswelten, bald an Stoff fehlen wird, der für beide Seiten interessant ist.

Im Übrigen hat einfach jeder durch den irdischen Tod ins "Große Jenseits" Eingegangene anfänglich zu viel mit sich selbst zu tun.
Er/sie ist mit massiv veränderten Verhältnissen konfrontiert, muss sich erst einmal zurechtfinden; eine Anforderung, welche sein Erlebnisbewusstsein mitunter vollauf in Anspruch nimmt.
Ferner vergesse man nicht einen sehr wichtigen Umstand:
Jeder Verstorbene formt sich anfänglich durch seinen Charakter und seine Wesensart im "Großen Jenseits" das "Zustandsmäßige" seines Seins selbst - etwa so, wie es für ihn auf Erden gewesen war. Benanntes "Zustandsmäßige" ist für ihn dabei absolut real.
Mit der Zeit geht jenes in die gleichgestimmte **Örtlichkeit** über, von denen es im "Großen Jenseits" genauso viele gibt, wie denkende Menschen existieren. [10]
Ist dem der Erde Abgeschiedenen das "Zustandsmäßige" mit dem entsprechenden "Örtlichen" vollkommen verschmolzen, so ist das dann, vor der Hand, sein Platz im "Großen Jenseits", von welchem aus sich die betreffende Seele weiterentwickeln muss.
Diese Zuweisung indes ist für manchen durchaus nicht angenehm!

Wohl könnte man sich zurückgelassenen Angehörigen auch von dort aus noch bemerkbar machen; doch man wird sich vielleicht scheuen, das zu tun, um Menschen, die eventuell "große Stücke auf einen hielten", nicht anzeigen zu müssen, *wo* man sich - beschämenderweise - nun leider befindet!

Im Zuge der jenseitigen Weiterentwicklung wächst nun aber auch die geistige Erkenntnis, sodass ein Verstorbener irgendwann darauf verzichtet, sich mit seinen noch auf Erden lebenden Angehörigen in Verbindung setzen zu wollen, da ihm zunehmend bewusst wird, dass jeder irdisch Inkarnierte seinen ganz speziellen Erfahrungsweg allein zurücklegen muss.

Folglich breche man nicht künstlich in die Kreise der Verstorbenen ein, da sie im "Großen Jenseits" ihre Aufgaben zu lösen haben, die schwerpunktmäßig in einem optimierenden Resümee der Ergebnisse ihrer physischen Inkarnation, der reifenden Weiterentwicklung der Seele und Verstärkung ihrer geistigen Erkenntnisse bestehen.

Was würdet ihr auf Erden wohl sagen, wenn man euch in eurem Wallen ständig stören würde? Dass dürfte wohl niemandem zupass kommen!

Darum lasst eure Verstorbenen in Ruhe - außer, sie melden sich auf irgendeine Weise von allein; was freilich auch gezielt durch ein Medium geschehen mag, wenn dieses echt und vertrauenerweckend ist. In solchem Falle werden Abgeschiedene, die sich mit euch in Verbindung setzen wollen, schon von selbst alles erzählen, was ihnen für euch zu wissen wichtig erscheint, ohne dass ihr vorher über das Medium zu dem Verstorbenen zu sprechen braucht.

Was vom Mediumismus zu halten ist..? [11]

Wir Meister kritisieren und verurteilen niemanden. Jeder lädt sich seine eigene Verantwortung auf. Es gibt gute, sogar ganz exzellente Medien, welche vorzügliche Vermittler zwischen den Welten sind. Solche werden ihre Gabe aber niemals kommerzialisieren! Das heißt, unter anderem, auch, dass sie keine Botschaften "auf Knopfdruck" abliefern, sondern nur, wenn sie, respektive der eventuelle Jenseitige, dafür disponiert sind! Ein einwandfreies Medium wird immer freiweg zu einer möglicherweise misslichen körperlichen oder seelischen Verfassung stehen und von einer Durchgabe aus dem transzendenten Reich Abstand nehmen, weil - in solchem Falle - möglicherweise keine Exaktheit des gechannelten Materials gewährleistet werden kann.

Weil sehr viele Menschen Medien aufsuchen, um etwas über die allgemein zu erwartende, beziehungsweise (viel öfter noch) ihre persönliche *Zukunft* im Speziellen zu erfahren, sei ihnen hiermit der Rat erteilt, nur zu einem Medium des erwähnten einwandfreien Typs zu gehen, da sonst ein Komplex geschaffen werden kann, welcher sich schlussendlich gar sehr nachteilig auf den Besucher auswirken könnte.

Es kann konstatiert werden, dass es schon großer Erfahrung bedarf, die Zukunft wenigstens einigermaßen treffend vorauszusagen. Das gilt auch für die Verstorbenen, insoweit diese sich aufs Prophezeien verlegen. Denn viele Abgeschiedene sehen - auf lange Frist betrachtet - im "Großen Jenseits" durchaus nicht klarer, als wir hier auf Erden!

Schnell ist man darum, betreffend richtungsweisender Zukunftsprognosen, irregeführt; kurz: "auf dem *Holzweg*"!

Behaltet stets im Sinn, dass jeder seinen Kurs der Entwicklung bis zur Vollendung letztlich separat festlegt und gehen muss, weil er/sie ja ein **Individuum** ist (und zumeist darauf auch großen Wert legt)..! Lasst euch also von keiner mediumistischen Prophezeiung in einen unfreien Zustand versetzen, welcher schließlich nur eurer persönlichen Weiterentwicklung hinderlich wäre!

Zusammenfassend kann man sagen, dass Medialität eine zumeist schon angeborene Gabe ist; eine Begnadung, sich mit den Seelen, oder besser Geistern (als der Seele innewohnender, sie antreibender Aspekt), in Verbindung zu setzen. Doch ein Medium ist auch nur ein Mensch, hat wechselvoll bessere und schlechtere Tage des Empfanges von Mitteilungen aus der Transzendenz... Daher *stützt euch nur bedingt* auf mediale Botschaften und lasst euch in eurer freien Willensentschließung nie beeinflussen oder gar davon abhalten, euer **eigenes Urteil** walten zu lassen! In solchem Fall würde man sich nämlich selbst blockieren, das heißt ungebührlich (und ansatzweise sogar manipuliert) in eine Richtung festbannen.

Noch ein Wort über das **Erlebnisbewusstsein**, von dem in meinen Darlegungen schon des Öfteren die Rede war:

Das Erlebnisbewusstsein, das empfindende Bewusstsein, dass wir real existieren, ist eigentlich das Allerwesentlichste beim Fortleben nach dem Tode. Es entspricht unserem Seinsempfinden - gefühlsmäßig durch die Seele, verstandesmäßig durch den Geist.

Ohne solches Bewusstsein wären wir, vom menschlichen Standpunkt aus betrachtet, wie ein Stein, das heißt wir wären wohl da - doch würde das für uns gar nichts ausmachen und ein Dasein wäre uns ebenso gleichgültig wie ein Nicht-Dasein...

Dass wir aber unser Vorhandensein voll bewusst erleben, verdanken wir den gefühlsmäßigen Fähigkeiten der Seele, welche auch allen Tieren zu eigen sind, sowie der geistigen, spirituellen, auch verstandesmäßigen Einschätzung unserer Umgebung, die wir als unser Objekt betrachten. Durch unser Individual-bewusstsein - den Funken aus Gott, den jede Menschenseele als Geist erhält - sind wir folglich das beobachtende Subjekt.

Nun - Schritt für Schritt..:

Die Angst vorm Sterben resultiert aus der Befürchtung, als empfindendes Bewusstsein ausgelöscht zu werden; wenngleich das Physische, zu Staub zerfallend, atomar weiterexistieren würde (was natürlich überhaupt **kein** Trost ist).

Oben genanntes Erlebnisbewusstsein ist jedoch **keine Eigenschaft des menschlichen Körpers (und seines Gehirns)**, sondern der Seele und des Geistes - und übersteht, beim irdischen Ableben, somit auch das Heraustreten aus der Physis! Der irdische Leib, als solcher, ist, ohne innewohnende Seele und Geist, eine leere, inhaltslose Fleischhülle ohne jedes Eigenbewusstsein. [12]

Mit anderen Worten: Während des menschlichen Erdenlebens verschaffen uns einzig Seele und Geist unser Erlebnis-bewusstsein. Dieses zieht sich beim irdischen Ableben mit dem heraustretenden Seelen- und Geistkörper zurück, bildet im "Großen Jenseits", in Gestalt eines eine Einheit darstellenden Seelen/Geistleibes, dieselbe reale Lebensbasis, wie es uns die Dreiheit Geist/Seele/Physis im Erdenleben gewesen war. [3]

Jedem Sterbenden ist daher wärmstens zu empfehlen, sich auf sein Erlebnisbewusstsein zu konzentrieren, sich an Seele und Geist zu orientieren [13], um einen runden, bewussten Start im "Großen Jenseits" zu initiieren. Das eigentliche Sterben ist daher für unser Erlebnisbewusstsein nichts weiter als ein Hinüber-wechseln aus dem rein Irdischen in das Seelische und Geistige, was gewöhnlich mit einem, dem Einschlafen ähnlichen, Hinüberdämmern der irdischen Hülle verbunden ist.

Manche der zuvor gegebenen Offenbarungen mögen teilweise schwer begreiflich sein, entsprechen aber dennoch den Tatsachen.
Ich habe sie so leicht verständlich als möglich wiedergegeben - wobei nicht vergessen werden darf, dass man, beim Beschreiben von jenseitigen Verhältnissen, ein Gebiet abseits des dem irdischen Menschen zugänglichen Auffassungsvermögens betritt, für welches eigentlich ein adäquates, zupassendes Repertoire an Worten und Begriffshülsen fehlt. [14]
Um ein möglichst klares, gründliches Bild vom Mitgeteilten zu erhalten, lese man das gegebene Material deswegen getrost mehrere Male - es wird nicht schaden..!
Ihr werdet einmal selbst im Jenseits fortexistieren - befestigt euch dieserhalb, indem ihr eure Bewusstseinsgestalt durch eigenes Denken und gefühlsmäßiges Erleben aufbaut. Jeder lebt ein Eigenleben, ist sozusagen eine eigene "Sonne", welche von ihrer "All-Umwelt" energetische Eindrücke erhält und aufnimmt; jene durch Nachdenken und gefühlsmäßiges Erleben wieder in eine strahlende Emanation umwandelt - womit ihm selbst hellere Erkenntnis zuteilwird und er wiederum viel Licht an seine (spirituell verfinsterte) dunkle Umgebung abgeben kann...

34 - Der "Himmel" als unbegrenzter Beglückungszustand

Kein Auge hat es je gesehen und kein Ohr je vernommen, was Gott denen bereitet hat, die Ihn lieben. [1] Unermessliches an innerer Beglückung ist jedem Menschen in Aussicht gestellt, der Gott wirklich liebt!

Was wird aber mit all jenen sein, die, so aufrichtig sie es möchten, Gott nicht so zu lieben vermögen, weil sie vielleicht, entsetzt vom Elend in der Welt und der auf Erden herrschenden (scheinbaren) Ungerechtigkeit, an ein Höheres Gutes nicht glauben können?

Diese Frage ist berechtigt, braucht jedoch niemandem Besorgnis einzuflößen.
Im "Großen Jenseits" gibt es wahrlich viele Gelegenheiten, all das nachzuholen, was wir im Irdischen nicht zu erreichen vermochten. Die Hauptsache ist nur, dass wir dies wirklich von Herzen gern tun *wollen*.
Hier zeigt sich: Gott versteht unsere Beschwernisse und Umstände vollkommen, kennt uns durch und durch..! **Er** ist die Liebe, das Mitleid, die Zuneigung, die Anteilnahme, die helfende Hand! Wir brauchen sie nur zu ergreifen..!

Die verschiedenen kirchlichen Konfessionen erteilen kaum verwertbare Auskünfte über die Zustände und Gegebenheiten im "Himmel". Bezüglich der "Hölle" hingegen wird konkret gedroht, dass es dort fürchterlich sei - ein Ort des Heulens und Zähneknirschens! Letzteres eventuell als Ausdruck der Verzweiflung über verpasste Gelegenheiten, oder vielleicht auch in ohnmächtiger Wut zufolge der vorgefundenen, finsteren Jenseitsverhältnisse, in denen manche, aufgrund ihres inneren Empfindens, landen mögen.

Derartige höllische Episoden brauchen aber für niemanden "ewig" zu währen! Nur mangelnde Einsicht zum Besseren hindert daran, aus solch beklemmender Lage herauszufinden. Es hängt also ganz vom freien Willen eines Jeden ab..!

Wer wird denn aber, so mag hier eingewendet werden, in der "Hölle" bleiben wollen, wenn er es anders haben kann??

Mehr als ihr denkt - und zwar meistens aus Eigendünkel und Trotz!

Auch auf Erden begegnen wir manchmal Menschen, die aus widrigen Verhältnissen nicht herauskommen, weil sie dabei etwas von ihrem hochmütigen Stolz aufgeben müssten; befürchten, sich einen "Zacken aus der (eingebildeten) Krone zu brechen".
Lieber scheinen sie unterzugehen, als einzulenken und nachzugeben!
Eine solche Einstellung (geboren aus dem freien Willen eines Individuums) bindet, bannt und fesselt aber im "Großen Jenseits" jemanden, der so denkt, oftmals an die widrigsten Verhältnisse.

Die Aussicht, gemäß den recht vagen "Beschreibungen" seitens der Kirchen, mit einem goldenen Heiligenschein über der Stirn, ewiglich auf "Wolke 7" Lobgesänge anzustimmen und dabei begleitend auf einer Harfe zu klimpern, erscheint indes wenig reizvoll - zumal nicht für unmusikalische Gemüter..!
Allein in den Schriften der Mystiker und Seher erfahren die Menschen mehr über die Zustände im sogenannten "Himmel" [2].
Doch diese Zeugnisse werden von Kirchenchristen nur allzu selten in Betracht gezogen! Die Ansichten eines Namens-"Christen" zu tiefspirituellen Dingen sind regelmäßig eher von Desinteresse geprägt - im Produkt daher sehr undifferenziert und schwammig; einen "Himmel" zu erwarten wäre ihm allein deshalb angenehmer, weil er nichts Höllisches an sich hätte...
Hmmm... - eine billige Definition..!

Doch wie liegen die Dinge wirklich..?

Der "Himmel" ist so unbeschreiblich exquisit, dass, wenn irgendein Sterblicher einen Blick in das Zustandsmäßige des Himmlischen werfen könnte, er fortan jede Lust zum Weiterleben auf Erden verlieren und Gott bitten würde, ihn doch von der Erde zu erlösen, damit er in diese Lichtsphäre gelange.

Was ist denn nun eigentlich *der Himmel*"?

Zunächst wäre er wohl als ein Status der menschlichen Seele nach dem irdischen Tod zu definieren, in welchem die Seele all jene inneren Beglückungszustände als wirklich zu erleben vermag, in denen sie sich auch schon auf Erden (zumeist nur für kurze Zeit) so überaus erhoben fühlte. Um in solchen "Privat-Himmel" zu kommen, muss die entsprechende Grundlage dafür im Erdenleben also schon gelegt sein..! Umso altruistischer dabei die Motive, desto reicher, intensiver und beseligender benanntes Glücksempfinden - das bezieht sich auf die jenseitigen Verhältnisse sogar noch verstärkt.

Wie schon früher gelegentlich angedeutet, ist das von Gott jedem Menschen gesteckte Ziel, einmal die höchste Glückseligkeit zu erlangen.
Gott ist die Liebe und Seine Zielsetzung ist folglich allein liebe-initiiert.
Jene erwähnte Beglückung hat absolut nichts mit irdischem Mammon, Rang, Glanz, Stellung oder Einfluss zu tun, sondern ist etwas, das uns - erreicht - absolut wunschlos macht und in uns das Gefühl erweckt, *so sollte es immer bleiben...*

Solch Empfinden wird sehr individuell bewirkt:

- Ein Mensch ist vielleicht glücklich, wenn er künstlerisch schafft und seine Kunstobjekte anderen darbieten kann.

- Ein anderer möchte gerne lehren und Vorträge halten.

- Weitere gibt es, die vielleicht organisieren oder hilfreich zur Seite stehen wollen...

Weil also wahres Glück bei den Menschen genauso ver-schiedenartig verursacht wird, wie von ihnen erlebt, entspricht der "Himmel" niemals einer monotonen Gleichmacherei, sondern wird jedermann *die* Beglückung ermöglicht, welche mit seinem Innersten korreliert. Es herrscht dabei die allergrößte Freiheit besagtes Glücksgefühl und Empfinden noch permanent zu erweitern und zu steigern - man braucht nur danach zu trachten und zu streben.

Und wo ist die Grenze für diese Steigerung..??

Allein - eine solche gibt es im Himmelszustand nicht!
Jeder kann sich die (nicht existierende) "Grenze" ständig weiter hinaufsetzen und wird neue Schönheiten, neue Freuden erleben -

solange solche nicht die Freiheiten anderer einschränken. Wie schon mal erwähnt: Je selbstloser die Zielsetzung, desto unfasslich wundervoller die damit verbundene Beglückung selbst.

Einmal *muss* doch aber die Beglückungssteigerung eine Grenze haben!!

Um es noch einmal zu unterstreichen: Nein!

Und warum nicht?

Da, mit jeder Beglückungssteigerung, auch neue Aus- und Einblicke in Gottes <u>unendliches</u> Wunderwerk, die Schöpfung, gewonnen werden.
Dies adäquat beschreiben zu wollen erscheint - vernünftigerweise - nahebei unmöglich! Ich kann jedem Leser meiner Worte nur ans Herz legen, die angedeuteten, diesbezüglichen Folgerungen für sich selbst zu ziehen. Unzweifelhaft ist der "Himmel" **so** reichhaltig an Möglichkeiten, dass diese niemals von uns erschöpft werden können. Wohl mögen wir auf unserem Wege in manchem erreichten Glück verweilen wollen - und dürfen das im Zustand des Himmlischen auch -, doch einmal wird uns jedes statisch Verharrende nicht mehr völlig befriedigen und wir möchten weiter voranschreiten, wenn die Reife dafür vorhanden ist!

Nie mutmaßt indes, dass es im "Himmel" stereotyp, berechenbar eintönig oder gar zwingend zugehen könne.

"Hmmm...", mögt ihr vielleicht denken, "wenn dort aber kein Zwang herrscht, wie wird dann die Ordnung aufrechterhalten, da Menschen, ob diesseitig einverleibt oder jenseitig als Bewusstseinseinheiten wandelnd, doch auch ihre Fehler, Schwächen und Unvollkommenheiten haben?"

Nun, dies ist ganz einfach..!
Denn: Wer den dortigen Verhältnissen der Aufrichtigkeit, Ehrlichkeit, Anständigkeit, Offenheit, des Entgegenkommens ohne Rückhalt, des Mitgefühls, der Sympathie, Empathie und Liebe nicht entspricht, schließt sich selbst von himmlischen Zuständen aus, indem er/sie sich dort nicht wohlfühlt. Er/sie wird sich von allein entfernen, gleich, wie man es - auf Dauer - in einer 90°-Sauna nicht lange aushalten würde.

Dies, bis ihm/ihr zu Bewusstsein gelangt, welchen Irrtümern er/sie unterlegen war. Mit einer Wandlung der Gesinnung steht einer Seele dann der "Himmel" buchstäblich (wieder) offen!

Der "Himmel" der Menschen ist so variabel, wie es die Menschen selbst sind. Wie die Vorstellung jedes ewigseienden Erlebnisbewusstseins ist, so gestaltet sich auch dessen "Himmel". Nur um anzudeuten, von welcher Art besagte Wonne sein mag, seien hier exemplarisch (und damit bei weitem nicht vollumfänglich oder abschließend) die himmlischen Zustände einiger Seelen *beispielhaft* wiedergegeben - wobei aber ausdrücklich vermerkt sei, dass diese Beschreibungen nur einen schwachen Abglanz der Wirklichkeit des lichtvollen Seins der betreffenden abgeschiedenen Seelen darstellen können.

Zunächst sei der "Himmel" eines ledigen Menschen beschrieben, welcher seinen Lebenssinn aus der Hilfe an anderen generierte. Würde euch die Seele einer solchen, zu Lebzeiten absolut altruistischen, Person begegnen, würdet ihr wohl die Glorie seiner Erscheinung kaum ertragen können, denn seine bewiesene Liebe und sein gezeigtes Mitleid haben seinen Seelenkörper derart vergeistigt, dass überall, wohin er sich begibt, Licht und Glanz ausgestrahlt wird.
Und welcher Art ist sein "Himmel"..?
Kurz gesagt: Entsprechend der Regungen seines Herzens..!
Es werden ihm im Jenseits alle nur möglichen Mittel zur Verfügung stehen, unzähligen hilfsbedürftigen Seelen dienen zu können. Solch Hilfesuchende werden von der lichtvollen Aura des Altruisten angezogen, der selbst dabei das ungetrübteste, beseligendste Glück genießt. [3] Eine stets wachsende Beglückung ergibt sich parallel zur Eröffnung immer neuer und herrlicherer Ausblicke, welche zuvor noch verborgen gewesen waren...

Der "Himmel" eines Redakteurs (wie es unser lieber Bruder Felix ist) und/oder Redners wird vielleicht in einer Umgebung bestehen, welche Inspirationen verschafft, neue Gedanken ermöglicht und jede Bequemlichkeit aufweist, die sich ein Schriftsteller, Autor oder Vortragsreisender bei Lebzeiten nur gewünscht haben könnte. Benanntes Ambiente, in der sich die Seele absolut glücklich fühlen wird, kann dabei teilweise noch zustandsmäßig sein, teilweise schon örtlich fixiert. Ohne sich recht bewusst zu sein, wie es geschieht, werden seine Werke in seinem ureigenen Himmelsbereich als Bücher gedruckt und Bibliotheken füllen.

Sollte er Ansprachen halten, werden ihm in seiner Lichtwelt (die wenigstens zeitweise mit ähnlichen Himmelssphären anderer Schriftsteller und Redner zusammenfließt) riesige Vortragssäle und Hallen zur Verfügung stehen. Er wird sich auch nicht über mangelnde Zuhörerschaft zu beklagen haben, da sich in Himmelsbereichen, die seinem ähnlich sind, das Auditorium mit, am Thema interessierten, Seelen tatsächlich Verstorbener füllen wird - zudem ebenfalls mit Besuchern in der Phase des Zustandsmäßigen, also des nur relativ Wirklichen, wie solches tatsächlich, zum Beispiel, sogar in den Träumen von Erdbewohnern geschehen kann. [4]

Also..., wie weiter oben bereits erwähnt: "Himmel" ist der Zustand - und später auch die Örtlichkeit -, wo jeder *das* vorfindet, wonach die Regung seines Herzens Verlangen trägt.

Das gilt für jeden Menschen!

Doch Vorsicht, wenn die Dinge anders stehen: Brennt die Seele sinnend nach Rache, dürstet es sie niederzureißen und Schaden zuzufügen, quält sie Neid, Missgunst oder Niedertracht - erschafft sie sich im Nachtodlichen entsprechend *höllische* Zustände!

Hier sei aber eingeflochten, dass, besonders in der ersten Zeit nach dem Ableben, besagte Phasen niemals völlig deutlich abgegrenzt sind - ähnlich wie bei Irdischen Stimmungs-schwankungen, Versuchungen und vielerlei Gedankeneinflüsse normal sind.

Ferner sei in Betracht gezogen, dass jeder Tat und jedem Gesinnungseinfluss eine gewisse Kraft zugrundeliegt. Unsere Aufgabe als Mensch - mit einem Geistfunken aus Gott - ist es, alles auf uns Einwirkende zu kontrollieren. Die verursachende Kraft als solche ist zumeist neutral - gut oder schlecht wird sie erst durch unsere freie Willensentscheidung bezüglich ihrer Nutzung.

Dieserhalb sei erwähnt, dass viele Menschen wegen so mancher unschönen Gedanken, Verwirrnisse und negativen Inspirationen aller Art, welche den Tag über auf sie einprasseln mögen, ängstlich sind. Sie fürchten, dass sie dadurch schon gesündigt haben...

Keineswegs!
Wir können nicht verhindern, dass sowohl gute, wie auch schlechte Gedanken und Ideen, die um uns herum wogen, auf uns einzuwirken versuchen und wir uns derselben plötzlich bewusst werden. [5] Das ist **keine** Sünde, sondern handelt es sich eher um Prüfungen, die es stets geben wird, ja geben muss, um uns im Entscheiden zu üben - bis es uns zur Selbstverständlichkeit geworden ist, stets nur das zu wählen und zu tun, was gut, recht, edel, sauber und anständig ist..!

Bei willensschwachen Menschen, die ihren Geist nicht überwachen, überprüfen, beherrschen können (und manche Willensschwäche ist als Anlage ererbt), besteht die Gefahr auf die falsche Bahn gelenkt zu werden. Sobald sie in den Strudel sündhafter Wünsche, Begehrlichkeiten und Gelüste verfallen, entschuldigen sie sich allzu schnell mit der Ausrede: "Ach, was hat es für einen Sinn, gegen eine Versuchung anzukämpfen, wenn ich ihr letztlich doch immer wieder unterliege!"
So eine mentale "Schleife zu fliegen" ist absolut inkonsequent und mithin verkehrt!
Sünde [6], in des Wortes vollster Bedeutung, liegt erst dann wirklich vor, wenn wir *vollbewusst und aus freien Stücken* einer Verlockung zum Schlechten nachgegeben haben.
Wenn wir, aus eben angeführter Schwäche heraus, einem negativen, sündigen Gedanken Raum geben, ist dies gewiss schon der Wegbereiter für die spätere Tat [7]. Nachvollziehbar - und eine Tatsache! Darum gilt: Wehret (bereits) den Anfängen!
Kommt es - im Gefolge der jenes vorbereitenden, nährenden Gedankengespinste - dann zur Handlung, das heißt der Ausführung des Unerwünschten, liegt freilich eine Sünde vor; doch eine solche entspricht "nur" einem erneuten Fallen - und das Aufstehen danach sollte nicht allzu schwer sein, wenn der permanente Wunsch zur Besserung dominiert..!
Nicht zur Diskussion steht, dass es kaum unser Ziel sein darf, Fehler hundert oder tausend Mal wiederholen zu wollen..!
Beachtet also den "Knackpunkt": Wenn man fällt, wieder aufzustehen und den Schaden angemessen wiedergutzumachen, den man jemandem zufügte!

Konkret genügt es, beispielsweise im Falle einer Verleumdung, **nicht**, dem Geschädigten privat um Entschuldigung zu bitten, sondern muss die Beichte so öffentlich sein, als Lug und Trug schon seine verhängnisvollen Kreise gezogen hat!

Verzweifelt nicht!
Dem Prozess des Fallens und sich wieder Erhebens unterliegt sogar ein großer belehrender Zweck, indem unsere Klarheit zunimmt und das Selbstbewusstsein gestärkt wird - bis es schließlich kräftig genug ist, das Übel zumindest entscheidend zu minimieren. Damit ist schon sehr viel gewonnen!
Fehler werden - und müssen fast - gemacht werden, denn nur durch eigene Erfahrungswerte wird unser Wissen, sowie der rechte Gebrauch des freien Willens, ausgebildet.

Eine große Hilfe in der Versuchung sind Meditation und Gebet - letzteres aus tiefstem Herzen; Gott direkt ansprechend und Ihm persönlich die Schwächen anvertrauend, um Seinen allmächtigen Schutz flehend.
So denkt auch an die ersten Zeilen des Mustergebetes, dass Jesus, während seiner Bergpredigt, offenbarte:

*"Vater unser, in den Himmeln, Dein Name [8] werde geheiligt, Dein Reich komme, Dein Wille geschehe - wie im Himmel, so auch auf Erden; (...) vergib uns unsere Schuld - wie auch wir vergeben unseren Schuldnern [9], **und führe uns in der Versuchung** [10], ja, **hilf uns, vom Bösen** [11] **frei zu werden.**" [12]*

Weil sich jeder Mensch schon zu (irdischen) Lebzeiten seine Eigenwelten, seinen "Himmel" oder seine "Hölle", formt [13] und diese in seinem Erlebnisbewusstsein, nach dem physischen Tod, mit hinübernimmt, entsprechen sie zunächst der Position, welche vom Charakter, den positiven oder negativen Eigenschaften eines Menschen, abhängen - und somit scheinbar kaum etwas damit zu tun haben, ob jemand an Gott glaubt oder nicht!
Nun - falsch gemutmaßt!
Sehr viel sogar hat diese Prämisse mit der wahren und vollen Glückseligkeit im "Himmel" zu tun! Deswegen werden alle rechtschaffenen (jedoch ungläubigen) Menschen, nach ihrem Tode, auf eine für sie kaum erkennbare Art und Weise, durch Umstände und Erlebnisse, im Jenseits langsam dahin geführt, sich allmählich von der Existenz Gottes zu überzeugen.

Diese Unterweisung mag, für irdische Begriffe, ein langwieriger Prozess sein - doch Geduld ist ja eine himmlische Tugend...

Ohne Gottesglauben bleibt die Glückseligkeit des "Himmels" unvollständig, blockiert; kann nicht weiter zunehmen und wachsen - mit dem Ergebnis, dass ein solch stagnierender "Himmel" mit der Zeit droht verkrustend-langweilig zu werden, ja, sogar vom hohen Ideal des Himmlischen abgleitet..!

Doch stets, unbeirrt und unermüdlich, wird einem an und für sich guten Menschen geholfen, Gott zu erkennen. Allein der sich *absichtlich* dagegen Verschließende muss sich selbst und seinem, sich immer trauriger gestaltendem, Schicksal überlassen werden - denn im Jenseits, noch viel mehr als auf Erden, wird der freie Wille aufs Höchste respektiert!

Selbst wenn es den notorischen Skeptiker irritieren mag, sei hier deshalb nochmals ausdrücklich betont, dass die Glückseligkeit des "Himmels" sich nur bei jenen potenziert, die akzeptieren, respektive wissen, dass es einen Gott gibt, der alles erschaffen hat - dass die ganze ungeheuerliche Schöpfung **Sein Werk** ist, dass dieser Gott nur das zuhöchst Allerbeste eines jeden Menschen will und dies nur **durch Ihn** und **mit Ihm** erreicht werden kann!

Zur Erinnerung:

In all diesen Offenbarungen wird immer wieder darauf verwiesen, dass das Fortleben "drüben" zunächst im rein Zustandsmäßigen erfolgt, das heißt in den persönlichen Welten, die jeder Mensch aus seinem irdischen Leben - als sein Eigen - schon mitbringt. Dieses Zustandsmäßige geht dann mit der Zeit in das entsprechende rein Örtliche über.

Weiters wurde wiederholt erwähnt, dass es unzählige bewohnte Welten im Universum gibt; jede dieser ihre ureigenste jenseitige Sphäre besitzt und dass jene Lebenskreise der verschiedenen Heimstätten für vorgeschrittene Seelen ineinanderfließen und gegebenenfalls riesige Gefilde der Seligen bilden.

So kommt es, dass von solchen, deren physischer Tod schon länger zurückliegt, Mitteilungen - als Manifestationen auf Erden - nurmehr spärlicher zu verzeichnen sind. Sie rücken - weniger räumlich, als vielmehr zustandsauffassungs- und ortsmäßig - weiter von unserem Planeten und seiner Aura ab, welche(r) nun viel zu schwer und dicht für fortgesetzt ihrer Reife entgegenstrebende Seelen ist.

Auf diese Weise gelangen viele Seelen vorgeschrittener Wesen in himmlische Bereiche, von denen ihr keinerlei Vorstellung haben könnt. Da aber das "Große Jenseits", besonders im Raum des zustandsmäßig Örtlichen, eine andere Dimension entfaltet, als die grob materielle Erde, sind solche in ihren Lichtsphären, trotz eventuell gigantischer kosmischer Entfernung, räumlich nicht unbedingt völlig von unserer Erde abgesondert.

Hier ist erneut eine Vorstellung berührt, die für euch schwer begreifbar ist:
Es muss zwischen "räumlich" und "örtlich" differenziert werden..!
Örtlich ist das Lebensumfeld jedes denkenden Wesens - möglicherweise *örtlich* gleichgerichtet mit Seinsbereichen, die *räumlich* tatsächlich in Entfernungen von Lichtjahren (gemäß irdischem Verständnis) bemessen werden müssten.

Ein Beispiel dafür sei angeführt: Es gibt Planeten oder Monde (also Trabanten von, um ihren Stern kreisenden, Himmelskörpern), welche örtlich den öden zustandsmäßigen Bereichen (korrelierend mit ihrem seelischen Innenleben) manch Abgeschiedener entsprechen mögen - und daher mit solchen zusammenfallen.
Solcher Art wäre etwa das zustandsmäßig Örtliche eines Menschen, der die Existenz Gottes belächelnd für ein Märchen hielt. War er sonst aber eine gute Seele, wird er zunächst im Jenseits sein zustandsmäßig Himmlisches durchleben, welches aber, aus oben erwähnten Gründen, auf Dauer keine höhere Seligkeit bei ihm hervorruft, sondern mit der Zeit eine Monotonie verursacht, da ihm der Glaube an Gott oder, besser gesagt, das Gottesbewusstsein fehlt.
Sein zustandsmäßig Örtliches wird, zwangsläufig, allmählich verflachen, ja, öde und leer werden - wie die örtlichen Verhältnisse auf spröden Planeten, ähnlich vielleicht unserem Mars oder dem Saturnmond Titan... [14]
Mit dem Örtlichen (beispielhaft besagter Gegend) wird sozusagen sein Zustandsmäßiges verschmelzen. Das Selbst wird dann eine örtlich fixierte, dorthin gezogene Seele sein.
Sollte sie an diesem Ort zunächst auch Gleichgesinnte finden und in deren Gemeinschaft eine Art himmlischer Zufriedenheit genießen, beginnt sie jedoch bald ihre "langweiligen Mitgenossen" zu verabscheuen; was, in der Folge, zu einem Abgleiten ihres

zustandsmäßig Örtlichen in noch unfreundlichere, zustands-
mäßig-örtliche, Begebenheiten führt...

Unzählige Varianten himmlischen Status' ließen sich anführen -
doch damit wäre nicht viel gewonnen! Meine Absicht war es, euch
zu erläutern, dass "Himmel" und "Hölle" initial eine Reflexion
eures Erlebnisbewusstseins sind; geschaffen durch den Besitz des
euch innewohnenden göttlichen Geistfunkens, zur
Unterscheidung zwischen Gut und Böse, Harmonischem und
Disharmonischem.
In der Tat rufen wir so zunächst das dementsprechende
Zustandsmäßige, durch das Empfinden unserer Seele, als
Eigenschöpfung, hervor.
Wer das erfasst und begriffen hat, braucht eigentlich keine
weiteren Erläuterungen zum Thema mehr, da er sie sich, durch
logische Folgerungen, selbst auszumalen vermag.

Das "Große Jenseits" korreliert also mit der menschlichen
Vorstellungskraft. Darum ist im *zustandsmäßigen* Jenseits nichts
vorhanden, wovon wir uns keinen Begriff zu machen vermögen.
Aus diesem Grunde erschließt sich auch, warum das rein
Himmlische, dessen allein der wahrlich Gottgläubige teilhaftig
werden kann, für euch Menschen auf Erden eben *unvorstellbar* ist
- es sei denn, ihr währet in eurem Gottesbewusstsein bereits
schon voll erwacht und ganz in Gott aufgegangen..!
Besagter herrlicher "Himmel", den Gott jenen bereitet hat, die Ihn
lieben [1], liegt aber für alle, die von Gott als Schöpfer überzeugt
sind und in einem herzlichen, innigen persönlichen Verhältnis zu
Ihm stehen, offen dar – synonym mit der Vorwärtsentwicklung,
und damit ständig zunehmenden Beseligung und Glückseligkeit,
welche niemals endet; niemals enden kann, weil unser Funken
aus Gott, unser ewig währender Geist, genau wie Gott selbst,
absolut endlos und ewig nach jeder Richtung hin ist...

35 - Abschließende Gedanken

Ich werde die jetzigen Offenbarungen für einige Zeit unterbrechen [1] - was aber nicht bedeuten soll, dass später nicht erneut weitere durch Bruder Felix veröffentlicht werden mögen. Allerdings - *nur durch **seine** Vermittlung* lasse ich der irdischen Welt Botschaften zugehen!

Als ich meine ersten Mitteilungen aussetzte, meldeten sich bekanntlich einige Medien, die behaupteten, *ich* äußerte mich durch sie!

Solche Irreführung hatte ich damals aber vorausgesehen und mit Bruder Felix ein besonderes Kennzeichen verabredet [2], mit welchem es ihm leicht möglich war, alle Ansprüche besagter anmaßender, beziehungsweise fehlgeleiteter Medien auf ihre Echtheit zu überprüfen und sodann korrigierend abzuschmettern.

Kurz: Die Vermittlung zwischen eurem Eremiten und der irdischen Welt besteht - nach wie vor - **nur** durch Bruder Felix, dem alles auf die Art und Weise zukommt, wie er dies oft genug schon bekannt gegeben hat. Nach dem physischen Ableben Bruder Felix' ziehe ich mich gänzlich von der irdischen Welt zurück und es wird von mir *nichts Neues* mehr zu hören und zu lesen geben..!

Wer meine hiermit zu Papier gebrachten Offenbarungen genau gelesen hat, kann schon jetzt sehen, dass manches von dem einzutreffen beginnt, was von mir vor längerem angedeutet worden war. [3] Die Wissenschaft hat weitere epochale Entdeckungen machen können und ist bei der Atomzertrümmerung [4] bis nahe an die Grenze der dreidimensionalen, grobmateriellen Welt herangerückt.

Sukzessive nähert sich der Zeitpunkt, wo, ebenfalls hier zu wiederholten Malen in Aussicht gestellt, ein Kontakt zwischen den Menschen dieser Erde und denen feinstofflicher Ebenen möglich sein wird. Die nächsten Jahre schon werden diesbezüglich gewaltige Überraschungen bieten, von denen einige geradezu märchenhaft anmuten dürften. Die Menschheit wird sich aber schnell daran gewöhnen - genauso, wie es nur verhältnismäßig kurze Zeit dauerte, bis man sich mit Radio, Funk und Fernsehen vertraut gemacht hatte...

Wann immer in der Welt grundlegende Änderungen eintreten, entstehen, davon ausgehend, damit verbundene "Vibrationen" - genau, wie ein ins Wasser geworfener Stein konzentrische Kreise auf der Oberfläche hervorruft. Wir können also leichthin bemerken, letztlich "alle in einem Boot zu sitzen"..!

Manche dieser eintretenden Umgestaltungen sind Folge verkehrten Handelns, das über Jahre oder gar Jahrzehnte hindurch nicht als solches empfunden wurde, dennoch aber Konsequenzen "im Gepäck" zeitigte, welche zu gewaltigen Allgemeinstörungen im Weltengetriebe führen, unter denen - umstandsweise - sogar ganze Nationen leiden können, wenn sie sich nicht ändern und freiwillig zu dem zurückkehren, was als das Fundament für eine harmonische Ordnung zu gelten hat. [5]

Doch, liebe Leser, die ihr bisher meinen Offenbarungen gefolgt seid - **fürchtet euch vor nichts! Was immer auch kommen mag: Vertraut voll und ganz auf Gott; betet zu Ihm, bittet um Seinen Schutz, und ihr werdet geradezu wunderbar bewahrt und behütet sein!** Vergesst nicht: Gott ist höchstbestimmend; Gott lässt niemanden im Stich, der sich auf Ihn verlässt und rückhaltlos auf Ihn baut!

Selbst wenn die ganze Hölle losbrechen sollte - ihr, die ihr all euer Vertrauen, all eure Zuversicht auf Gott gesetzt habt, seid absolut gesichert, glaubt es mir nur! Ich habe euch noch niemals irregeführt und werde es auch nie tun!

Sobald ihr das hier Niedergeschriebene und Gedruckte zu Gesicht bekommt, öffnet euch für Gott; betet zu Ihm, und zwar intensiv und innig - und ihr werdet sehen, wie euch Hilfe und Unterstützung zuteilwird, manchmal gar von völlig unerwarteter Seite!

Seid zuversichtlich - bald ist die schwere Zeit für die gesamte Menschheit vorüber, wird einer ruhigeren, glücklicheren weichen. [6] Doch ihr, die ihr die Lasten bedrückenden Übels durchmachen musstet, sorgt dafür, dass Gott in Zukunft nicht mehr vergessen wird! Hinterlasst dies als euer Vermächtnis an folgende Generationen!

Und gerade ihr, meine ehemaligen Landsleute, besinnt euch auf die große, beinahe *heilige* Aufgabe, die euch von Gott und dem Schicksal übertragen wurde und werdet künftige Bannerträger für Gottes Wirken! Handelt harmonisch mit allen anderen menschlichen Wesen; helft so viel ihr könnt und ihr werdet überrascht sein, wie alles wieder aufblüht. [7]

Begnügt euch mit dem, was ihr habt - mag es räumlich auch noch so klein (geworden) sein! [8] Euch ist definitiv - wegen all der unzähligen geistigen Gaben und positiven, tiefseelischen Charaktereigenschaften, mit denen euch euer Gott gesegnet hat - die ganze Welt zugänglich!

Missachtet solche Segnungen nicht, sondern zeigt euch derselben würdig!

Tut ihr das, so seid ihr Gottes Pioniere und leuchtende Fanale. Dieser, euer Fels, auf den ihr baut, wird euch immer treu und gewiss zur Seite stehen!

Glaubt mir, eure Berufung und Bestimmung für die Menschheit ist eine wundervolle, eine einzigartige und somit eine solche, die auch ganz eurem Herzen und innerem Empfinden entspricht!

Von Natur aus seid ihr so veranlagt, dass ihr am liebsten die ganze Welt umarmen möchtet... Doch damit wäre ihr kaum gedient!

Ihr müsst unterscheiden lernen und eure Bemühungen voll und ganz *der* Idee zur Verfügung stellen, die der gesamten Menschheit dient und nicht nur einer Gruppe bestimmter nationaler Anschauung!

Um diese, meine Empfehlung für euch recht eindrucksvoll zu gestalten, repetiere ich sie hiermit nochmals:

Besinnt euch bitte stets auf Gott und auf den euch von Ihm anvertrauten Auftrag, welcher eurer besonderen Charaktereigenschaft entspricht. Verschiedene Volkstumsarten existieren, um in der Menschheitsfamilie bestimmten, förderlichen Charakteristika zu einer stärker betonten Entwicklung zu verhelfen, indem anderen Nationen ein Vorbild betreffs solcher Attribute geboten wird. Freilich besteht dabei gelegentlich die Gefahr einer gewissen Polarisierung und Penetranz.

Die Menschheit an sich stellt eine Einheit dar, besteht aber aus Einzelwesen, von denen jedes Individuum euer Bruder oder eure Schwester, also euer Nächster ist, den, respektive die, ihr lieben sollt wie euch selbst. Solche Nächstenliebe schließt ein, dass ihr eure göttlichen Gaben und Geschenke einsetzt, sie zur freiwilligen Nachahmung durch euren Nächsten übt - ohne sie indes irgendwie *aufzudrängen*. Keinem soll/darf etwas "übergestülpt" werden, was er/sie nicht will!

Lasst das von nun an niemals mehr in Vergessenheit geraten - auch dann nicht, wenn ihr wieder eine vereinigte Nation seid, was bestimmt der Fall sein wird! [9]

Nun abschließend noch einige Hinweise zum Rekapitulieren:
Es mag beim Lesen gewiss öfters die Frage aufgetaucht sein: "Warum drückt der Eremit sich nicht deutlicher aus; warum sagt er nicht geradeheraus, wie sich die Zukunft gestalten wird?!"

Das hat seine guten Gründe: Täte ich solches, würden meine dementsprechenden Offenbarungen eurer Seelenreifung mehr schaden als nützen!

-> Angenommen, der Ausblick in die Zukunft wäre tendenziell negativ - so würdet ihr euch vielleicht unnötig ängstigen.

-> Hingegen, wäre die gebotene Prognose generell, beziehungsweise überwiegend, positiv, könntet ihr eventuell in den alten Schlendrian verfallen und euch damit entschuldigen: "Der Eremit hat ja gesagt, dass uns nichts weiter bedroht - warum sollten wir also unsere Lebensweise besonders im Auge behalten und beständig wachsam sein?"

Nein..., aus diesen schlichten Überlegungen heraus ist niemandem mit Unglücks- und/oder Glücksprophezeiungen gedient - wohl aber mit Hinweisen auf das, was für eure Entwicklung und Seelenreifung hilfreich ist..!

Für alle Menschen ist es von herausragender Bedeutung, sich Gottes bewusst zu werden und zu sein! Alles andere fügt sich von allein [10] - insofern, als das Schicksal jedes Menschen, bis zu einem bestimmten Grade [°], durch persönliche Anstrengungen, in seine eigenen Hände gelegt ist. Denn nur das, was man durch eigene Arbeit an seelischen und geistigen Werten gewinnt, ist - und bleibt - für immer wahrlich *errungenes* Eigentum, welches niemand mehr stehlen kann; gleichfalls alles, was Gott einem Menschen in seiner Gnade geschenkt hat.
Darum sollten euch irgendwelche Prophezeiungen nie von euren **Eigenbemühungen** [11] abspenstig machen - außer sie stützten sich auf Gottes Gebote und/oder werden in Form von Ratschlägen, euch auf euren Schöpfer zu besinnen, gegeben.

Nun, es mag hierzu vielleicht bemerkt werden: "Wie verhält es sich aber bei prophetisch vorausgesehenen, großen Naturkatastrophen? Sollte jemand, der die Gabe besitzt, etwa nicht mahnen?"

Doch, schon..! Aber nur dann, wenn er sich durch (s)eine innere Stimme wirklich dazu gedrängt fühlt; ihn weder die Aussicht auf Berühmtheit, noch sonstige Vergünstigungen für sich selbst, antreiben, sondern allein die Menschenliebe und der Drang zu helfen.

An den Verhältnissen, wie sie zum Beispiel heute [6] auf der Welt vorliegen, sind nämlich kaum vornehmlich Naturkatastrophen schuld, sondern ganz im Besonderen - durch ihren Egoismus und ihre Gottlosigkeit - die Menschheit selbst!

Zum verständlichen Einwand: "Es leiden dabei doch auch Tausende, ja Millionen von Unschuldigen!", dies:

Ja, das ist wohl richtig! Aber denkt ja nicht, dass diese dafür nicht in der Ewigkeit entschädigt werden würden. Sie überspringen, bedingt durch ihre unverschuldeten Leiden, wodurch sie sozusagen für die Schuldigen mitgelitten haben, eine Vielzahl seelischer Entwicklungs- und geistiger Entfaltungsphasen, welche ansonsten lange Zeitläufe in Anspruch genommen hätten.

Glaubt mir, **wie im materiellen Kosmos alles nach festgelegten Gesetzmäßigkeiten funktioniert, gibt es auch eine gesetzmäßige Balance auf dem Gebiet des Seelischen und Geistigen - etwas, das wir im Alltagsleben "Gerechtigkeit" nennen.**

Wie ihr, die ihr meinen Ausführungen bis hierhin gefolgt seid, wisst, erhält sich alles Geschaffene durch ununterbrochenes Entstehen, Wachsen, Entfalten und Vergehen. [12] Ewige Bewegung ist auch das Geheimnis des Erhalts des gesamten Universums mit seinen Milliarden Galaxien [13] und Gestirnen; seinen - nach jeder Richtung hin endlosen - Weiten des Raumes. In dieser buchstäblich unermesslichen Ausdehnung rotiert unsere Erde in 24 Stunden um ihre Achse, in 365 ihrer Tage um die Sonne - jene selbst dreht sich, mit einer ungeheuren Geschwindigkeit, um den Mittelpunkt unserer Milchstraße, wofür sie, nach Berechnung irdischer Astronomen, über hundert Millionen (Erden-)Jahre benötigt. Dabei durchquert das Sonnensystem Regionen, in denen sich kosmische Nebelmassen befinden, welche unter Umständen gewisse Einflüsse auf das Erdendasein bedingen können. Einige solcher Veränderungen haben irdische Wissenschaftler bereits festgestellt; diese erscheinen, vom universalen Standpunkt aus betrachtet, scheinbar recht nebensächlich, kaum von Bedeutung - doch weit gefehlt, sind sie in der Lage, sich zum Teil katastrophal auf das irdische Leben auszuwirken, indem sie kleine chemische oder Molekularabweichungen von der Norm verursachen, welche (bezogen auf den Menschen) in der Folge eventuell daran Anteil nehmen, Epochen höchster geistiger Entfaltung und kultureller Blüte, beziehungsweise solche größten Niedergangs und schlussendlich Tiefstandes, einzuleiten.

Außer universellen Nebelmassen gibt es im endlosen Weltraum jedoch auch Regionen, in denen stärkere kosmische Energie wirkt. Zieht euer Sonnensystem nun durch ein solches Feld, ersprießt auf der Erde eine Zeit gesteigerter Aktivität, enormer Erfindungen und Entdeckungen. In einer entsprechenden Epoche befindet ihr euch zurzeit.

Leider ist es mir nicht möglich, die dabei obwaltenden Variablen so zu schildern, dass sie euch verständlich würden; aber spielt, in diesem inneren Zusammenhang, der freie Wille des Individuums eine tragende Rolle - insofern, als sich der vom Kosmos zufließende, stärkere Energiestrom zum Besten oder zum Verderben der Gesamtmenschheit auswirken mag.

Im ersteren Fall wird die zivilisatorische Entwicklung auf eine höhere Oktave [14] gehoben; im letzteren sinkt die Kultur in ihre Ursprünge zurück. [15]

Mit euren seelischen Fähigkeiten und bisher zur Entfaltung gebrachten geistigen Gaben sind bestimmte unberechenbare Faktoren in Tätigkeit gesetzt, welche gegebenenfalls bis in den Bereich kosmischer Gesetzmäßigkeiten hineinreichen. [16] Daher hat das Individuum mit seinen Seelen- und Geisteskräften - wenn auch vorläufig noch in beschränktem Ausmaß - tatsächlich einen gewissen Einfluss auf die *gesamte* Menschheitsentwicklung; sogar, indirekt, auf Folgerungen universalen Geschehens.

Ja, das erstaunt euch, nicht wahr..!

Die geschaffene Welt - mit allem, was je entstand - ist derart innig, wenn auch für euch erst zu einem ganz geringen Bruchteil

wahrnehmbar, unter- und miteinander verbunden und verknüpft, dass tatsächlich das kleinste Geschehen irgendwelcher Art eine, wenn auch infinitesimal [17] kleine, Vibration im großen Schöpfungsbereich hervorruft.
Das sollte euch nachdenklich und, betreffs eurer Handlungen, aufs Höchste verantwortungsbewusst stimmen!

Ich hoffe nun sehr, dass ihr aus meinen Darlegungen großen Gewinn für Seele und Geist ziehen könnt. Wie erwähnt, werdet ihr zu gegebener Zeit (nach der nun eintretenden Pause [18]) wieder von mir hören; aber nur über die Person Bruder Felix' - und niemand anderem!
Würdigt das und bleibt euch dessen auch stets bewusst.
Euch allen Gottes reichsten Segen und vollen Schutz wünschend,

euer Freund,

Bruder Amo

Nachwort

Beim Lesen der Offenbarungen mag aufgefallen sein, dass sich der Eremit in einigen Positionen mehrmals wiederholte - er beabsichtigte damit zweifellos, ihm wichtig erscheinende Punkte zu unterstreichen, damit sie sich tiefer einprägen. Diese, des Öfteren auftauchenden, Repetitionen hätten im Zuge einer Text-Redigierung sehr wohl ausgemerzt werden können - doch wäre dann möglicherweise der Vorwurf erhoben worden, dass der Inhalt dieses Buches mit den originalen Kundgaben nicht völlig identisch sei.

Die Themen, welche in den Offenbarungen berührt wurden, behandeln die verschiedensten Gebiete, aber auch die Kümmernisse, Sorgen und niederdrückenden Bedenken der Menschen infolge, durch falsche Handlungsweisen, geschaffener Verhältnisse.

Auch den Befürchtungen im Zusammenhang mit der Atomforschung wird in den Lehr-Botschaften des Eremiten Rechnung getragen - wobei es an Trost erweckenden Erläuterungen nicht mangelt.

Bei der redaktionellen Bearbeitung der Offenbarungen des Eremiten ergaben sich zuweilen ungeahnte Schwierigkeiten! Einige seiner diesbezüglichen Mitteilungen hatten nämlich nur in scheinbar wahllos hingeworfenen, kurzen Sätzen bestanden; andere wiederum stellten Satzgebilde dar, die manchmal sehr schwer zu begreifen waren - namentlich, wenn sie Probleme nicht leicht verständlicher wissenschaftlicher oder gar trans-zendentaler Natur betrafen.

Sobald sich der Eremit erneut meldet, werden seine Äußerungen als Fortsetzungen erscheinen. [1]

Felix Schmidt,
Cleveland, Ohio, USA, 1941 [1]

Epilog des Editors

Zum Abschluss vorliegender, umfassender Neuüberarbeitung fiel mir - unabhängig der wohl speziellen Nöte der Nachkriegszeit - auf, dass zwei Themen in den Lehr-Botschaften Bruder/Meister Amos fehlten, die in der "Geschichte des Eremiten" einen relativ breiten Raum einnahmen und durchaus auch in diesem Format hätten Platz finden können:

1. Gerade im Kapitel 29: "Nukleare Bedrohung und kosmische Phänomene", welches die "Bremsvorrichtung" im Atom anführte, was eine Zerstörung unserer Erde, im Gefolge eines weltweiten Atomkrieges, ausschließt, wäre der Aufschluss, *wie* der (hypothetische) ehemals 5. Planet des Sol-Systems - Mallona, respektive Phaeton - zu den uns heute verbliebenen Asteroiden zerstieben konnte, interessant gewesen.

Nach Leopold Engel [1], der seine (vorgeblichen?) Erkenntnisse über ein psychometrisch begabtes Medium gewann, war dies durch die Explosivwirkung eines "Supersprengstoffes Nimah" initiiert, mit welchem eine unirdisch ausgedehnte Kratergegend ("Höhlen des Wirdu" - "Usgloms Reich") mit Meerwasser geflutet wurde, was zur schnellen Anreicherung der Atmosphäre mit giftigen Dämpfen, und bald darauf Berstung des Planeten selbst, führte. [2]
Allerdings: Bezüglich des rigorosen Wahrheitsgehalts getroffener Aussagen, bin ich bei Leopold Engel eher kritisch - obwohl er, zweifellos, ein begnadeter Autor mit geschwungener Feder war.

2. Leider ist in den Lehr-Botschaften auch kein weiteres Wort über Bruder/Meister Amos "Himmlische Hochzeit" mit "Pija" [3] - seinem "Zweiten Ich", seiner "Dualseele" - verloren worden.
Ohne indiskret wirken zu wollen, hätte es eine faszinierend-romantische Erhellung sein können, zu erfahren, wie sich die Verschmelzung der beiden "Ich-Kerne" konkret vollzogen und angefühlt hatte, weil ja "die Eins gewordene Wesenheit weiterhin aus zwei getrennten Persönlichkeiten bestehen blieb, welche aber nun eine einzige *Individualität* generierten" (...). [4]

Anmerkungen des Überarbeiters

Anm. zur Einführung (von Felix Schmidt):

[1]   Wie schon in der "Geschichte des Eremiten" hat Felix Schmidt die "Ich-Form", zugunsten Bruder/Meister Amos, vermieden und sich selbst nur in einer verfremdend wirkenden 3. Person erwähnt.

Anm. zum Kapitel 25:

[1]   Vgl. Galaterbrief des Paulus 6 : 7 (Was du säst, wirst du ernten).

[2]   Betreffs des O-Tons erinnern wir uns: Die Botschaften Bruder/Meister Amos ergingen an seine Leser in den mittleren Kriegs- und später in den Nachkriegsjahren des 2. Weltkrieges.

[3]   Leid und Not kann ein vielfältiges Gesicht zeigen und natürlich auch in Friedenszeiten präsent sein - durch Krankheit, Behinderung, Hunger, Mobbing, Unterdrückung, Kriminalität, Gewalt etc.; die Liste wäre lang..!

[4]   Bzgl. des Begriffes vgl. die dies erläuternden Kapitel 32 und 33 im vorliegenden Buch.

[5]   Vgl. z.B. Matthäus 6 : 12, 14, 15; Lukas 6 : 37.

[6]   Zur Erinnerung: Bruder/Meister Amo spricht hier die deutsch-amerikanische Leserschaft der in den USA erschienenen Zeitschrift *"Geistiges Leben"* an.

[7]   Besonders - und ganz eigens - im Kapitel 27 dieses Buches.

Anm. zum Kapitel 26:

[1]   Zur Begrifflichkeit der "Geistigen Wiedergeburt" siehe auch die Anm. [18] zum Kapitel 13: "Beginn des Unterrichts zum Initiierten" im Buche Bruder Amos / Felix Schmidts "Die Geschichte des Eremiten" (Uwe Laubach, Verlag BoD).

[2]   In den 1940er Jahren waren, z.B., dampfbetriebene Loks auf der Schiene noch obligatorisch.

[3]　Die Lektüre von Science-Fiction-Romanen aus den 1960er oder 1970er Jahren zeigt z.B. wie begrenzt die Phantasie-Kraft der Autoren war, die technologischen Fortschritte, die für uns heute Alltag sind, vorauszusehen. Wem die technische Ausstattung auf dem "Raumschiff Enterprise" Captain Kirks und Mister Spocks gegenwärtig ist, brauche ich dies nicht näher zu erläutern...

[4]　Bei trockener Luft und etwa 20° Celsius Umgebungstemperatur beträgt die Geschwindigkeit des Schalls 343,2 m/s, bzw. 1.235,5 km/h.

Die Übertretung der Schallgeschwindigkeit mit Düsen- und Raketentriebwerken ermöglichte erst den späteren Flug zum Mond und alle folgenden Satteliten-Erkundungsreisen in unser Sonnensystem...

Anm. zum Kapitel 27:

[1]　Vgl. Galaterbrief (des Paulus) 6 : 4, 5.

[2]　Vgl. Matthäus 7 : 3 - 5; Lukas 6 : 41 und 42.

[3]　Vgl. Sprüche Salomons 16 : 18. Man denke auch an die griechische Sage von Dädalus und Ikarus -> wer (zu) hoch steigt, fällt tief..!

[4]　Passus von mir in diesem Sinne hinzugefügt. Vgl. auch Matthäus 4 : 8, 9; Lukas 4 : 5, 6; 2. Korintherbrief 4 : 4.

[5]　Vgl. Offenbarung 19 : 16; Matthäus 28 : 18.

[6]　Mahatma Gandhi sagte dazu: "Die Geschichte lehrt die Menschen, dass die Geschichte die Menschen nichts lehrt..!"

[7]　Man halte sich vor Augen, dass diese Aussage in den späten 1940er Jahren getroffen wurde, als das Erstehen festgefügter Blocksysteme in einen jahrzehntelangen "Kalten Krieg" steuerte!

[8]　Wer die Geschehnisse im Jahre 1989 (wie ich) direkt miterlebt hat, wird ermessen können, wie traumhaft surreal die Fernsehbilder von auf der Berliner Mauer feiernden Menschen waren! Der sogenannte "Eiserne Vorhang", welcher 40 Jahre lang durch den "Kalten Krieg" unüberwindlich zementiert zu sein schien, war gefallen! Niemand hätte so etwas, Monate zuvor, auch nur ansatzweise für möglich gehalten! Viele Tränen sind geflossen über ein für unfassbar gehaltenes - nun indes erhaltenes - Geschenk!

Einen 6er im Lotto zu landen, hätten die Kinder des "Kalten Krieges" wohl für wahrscheinlicher gehalten als das!

[9]   Vgl. Matthäus 7 : 1, 2a; Lukas 6 : 37.
Analog zur Erwähnung im Kapitel 25 ("Die Bedeutung der gegenwärtigen Zeit") und der entsprechenden Anm. [5] dazu.

[10]   Aus Sicht der US-Deutschstämmigen; wie schon einmal erwähnt...

[11]   Von lat.: *religio* = Rück-, bzw. Wiederverbindung.

[12]   Vgl. Matthäus 6 : 7.

Anm. zum Kapitel 28:

[1]   Vgl. Matthäus 7 : 3 - 5; Lukas 6 : 41 + 42.

[2]   D.h. die 1930er und 1940er Jahre.

[3]   Analog Adolf Hitlers "Volk-ohne-Raum-Propaganda". Aus heutiger Sicht hatte das Deutsche Reich, mit international anerkanntem Gebietsstand zum 31. 12. 1938, genug Raum - den Deutschland *heute* tatsächlich immer weniger hat.

[4]   Vgl. 1. Johannesbrief 4 : 20.

[5]   Vgl. Matthäus 25 : 31 - 46.

[6]   Pastor Andreas Herrmann vom CZW (heute "Move-Church" Wiesbaden) definierte "Wunder" einmal ganz pragmatisch als "etwas, über das man sich wundert".

Bei den Erweckungspredigern Johann Christoph Blumhardt oder Johannes Seitz wurden, Mitte/Ende des 19. Jahrhunderts, "apostolische Wunder", durch innigste Gottanbindung, fast zur alltäglich erlebten Realität..!

[7]   Z.B. des Menschen Bange, am Freitag, dem 13. ein Unglück zu erleben; die Ausschau nach (insbes. schlechten) Omen usw. usf.

[8]   Am 6. August 1945 wurde über Hiroshima die erste Atombombe über dem Kaiserreich Japan abgeworfen. Elektronisch gezündet, detonierte sie in knapp 600 Metern Höhe und rasierte in einer 4 Kilometer breiten Todeszone alles nieder, was ihrer ultraheißen Schockwelle im Wege stand.

Fast alles - denn ein kleines Jesuitenkloster, errichtet in der üblichen japanischen, leichten Bauweise, blieb stehen, als wäre nichts geschehen! Die vier dort lebenden Mönche blieben, später noch oft untersucht, vollständig gesund und unverstrahlt (was eigentlich gänzlich unmöglich sein müsste!) und erreichten sämtlich ein gesegnetes hohes Alter. Sie schrieben ihre Bewahrung und den Schutz ihres christlichen Klosters, inmitten totaler Zerstörung, dem Gebet des Rosenkranzes und dem Beistand der göttlichen Mutter Maria zu..! (Vgl. im Buch "Skandal Barmherzigkeit!", Kapitel: "Hiroshima und der Rosenkranz" von Sr. Emmanuel Maillard)

[9]   Vgl. Matthäus 6 : 33.

[10]   Vgl. 1. Korintherbrief 10 : 31.

[11]   Vgl. Apostelgeschichte 10 : 34, 35.

[12]   Vgl. Sprichwörter / Sprüche Salomons, des Königs 3 : 5 - 7.

Anm. zum Kapitel 29:

[1]   D.h. es ist auch mit den sogenannten "Quarks" etc. **noch lange nicht** das ultimative Ende der Erkenntnis erreicht!

[2]   Transzendent = Die Grenzen der Erfahrung und des sinnlich Wahrnehmbaren überschreitend.

[3]   Man denke z.B. an den (halb-fiktiven) Begriff des Äthers, also eines dem Menschen ätherischen, d.h. (seinem Verständnis geradezu) flüchtigen Stoffs...

[4]   D.h. die grundsätzlich drei Erscheinungsformen der Materie: Fest, flüssig und gasförmig.

[5]   D.h. Sehen, Hören, Fühlen (Tasten), Riechen und Schmecken.

[6]   Der Eremit meint hier (abweichend zu Anm. [4]) die vier Elemente: Erde, Wasser, Feuer und Luft.

[7]   Vgl. Offenbarung 16 : 16.

[8]   In der Tat wurden ganz erhebliche Fortschritte in der Erforschung der Tiefen des Alls erst durch die weltraumgestützten Teleskope Hubble, James-Webb usw. möglich.

[9]   Derzeit (2024) gerät selbst die "Urknall-Theorie" durch die neuesten Erkenntnisse des James-Web-Teleskops unter gehörigen Druck und damit auch die bisher angenommene Größe des Kosmos ins Wanken.
Ging man bisher von ~ 100 Milliarden Galaxien im Universum aus, dürfte dessen tatsächliche Größe noch **viel** erheblicher sein - und für uns Menschen eigentlich nicht mehr fassbar.

[10]   Es mag hierbei auch die sogenannte "Dunkle Materie" und "Dunkle Energie" angesprochen sein, deren Existenz Wissenschaftlern bislang ein ungelöstes Rätsel ist.

[11]   Vgl. Matthäus 22 : 35 - 40; Markus 12 : 28 - 34; Lukas 10 : 25 - 28 (-> aus 5. Mose 6 : 4, 5 und 3. Mose 19 : 18b).

[12]   In Indien z.B. als "Avatare" bezeichnet.

Im Original stand dieserhalb auch "Gott Selbst" - ich halte das, bzgl. des **wahren Gottes** und Jesus Christus, für grob unkorrekt!
Wir verstehen, als Christen, die Inkarnation des Sohnes Gottes, des vollständigen Ebenbildes des unsichtbaren Gottes und Erstlings aller Schöpfung (Kolosser 1 : 15; Sprüche Salomons 8 : 22 ff.; Origenes' "Peri archon" / "De principiis" I 2), zu unser aller Heil und Erlösung.
Wenngleich Jesus keine Personalunion - also "Verselbigung" - mit **dem GOTT** bildet, heißt dies nicht, dass Er nicht göttlich, *ein* Gott, ja, **der** (eingeborene – d.h. *aus* **GOTT**) Sohn Gottes im Besonderen ist..!
So klingen auch die Verse im Johannesevangelium 1 : 1, 2, wenn man den griechischen Originaltext wortgetreu übersetzt, auf deutsch etwa:

"Im Anfang war das Wort, und das Wort war bei DEM GOTT - und Gott [d.h. ein Gott, göttlichen Wesens] war das Wort. Dieser war im Anfang bei DEM GOTT."

< "en Archê ên ho Logos [,] kai ho Logos ên pros ton Theon [-] kai Theos ên ho Logos [.] houtos ên en Arch pros ton Theon [.]" >

Vgl. - den Sachverhalt relativ umfassend erläuternd - die Anm. [1] zum Kapitel 16: "Ausbildung, Examina und der 'Innere Zirkel'" im Vorläufer-Buch Bruder/Meister Amos (in Zusammenarbeit mit Felix Schmidt) "Die Geschichte des Eremiten".
Ebenfalls gerne die Anm. [6] zum Kapitel 9 ("Abschied") im Buch "Führung einer Seele im Jenseits" von Carl-Dietrich und Leopold Engel.

Beten Sie vertrauensvoll zu Gott, im Namen Jesu, oder auch direkt zu Jesus - denn Ihm allein ist (vom Vater) alle Gewalt gegeben, im Himmel und auf Erden (Matthäus 28 : 18); der Gottessohn ist, nach seinem Sieg am Kreuz, der würdige und geliebte Herr der Herren, der König der Könige

(1. Timotheus 6 : 15; Offenbarung 17 : 14 und 19 : 16) vor dem sich jedes Knie zu beugen hat (Philipper 2 : 9, 10).
Gerade letztgenannte Bibelstelle ist - nebenbei bemerkt - eine von vielen gegen die Irrlehre der Zwei- und dann später Dreieinigkeit, bzw. Dreifaltigkeit, denn wie könnte Jesus (welch dubioses Mystikum!) auch GOTT Selbst sein, wenn Er vom Vater *gütigerweise* in eine übergeordnete Stellung (des Namens, der über allen [anderen] Namen steht) *erhoben* wurde. ER müsste sich denn Selbst (in einem schizophrenen Akt!) in eine vorher nicht eingenommene Position befördern..!
Zur Aufklärung dieses, sich darstellenden, dissoziativen Dilemmas mögen die Schriftstellen Markus 10 : 17, 18 und der Paralleltext in Lukas 18 : 18, 19 beitragen; weiters das Zeugnis Jesu Selbst, sich wahrlich in einer **1:1-Gemeinschaft** mit dem Vater zu befinden – **keiner 1:1-Identität** (Johannesevangelium 10 : 27 - 38; 14 : 6 - 11).

[13]   Diese Termini verweisen auf einen deutlichen Bezug zu den Neu-Offenbarungsschriften Jakob Lorbers; hier Band 6 des "Großen Evangeliums Johannes'", Kapitel 245. Zusammenfassend erläutert z.B. von Walter Lutz "Die Grundfragen des Lebens" III./9.

[14]   Der Asteroideneinschlag (ø ~ 15 Kilometer) vor etwa 66 Millionen Jahren im karibischen Gebiet der heutigen mexikanischen Halbinsel Yucatán, kann, zweifellos, als eine, die Erdverhältnisse umwälzende, Einwirkung aus dem Weltraum bezeichnet werden.

[15]   Ein weiteres Paradebeispiel sehe ich z.B. im, bis heute noch ungeklärten, "Tunguska-Ereignis" vom 30. Juni 1908.
Schon **eine Woche vor** der Explosion über dem sibirischen Distrikt, bei welchem 250 km² Taiga-Wald buchstäblich umgemäht und plattgelegt wurden, waren weltweit seltsame **Leuchtphänomene** in Europa (!) beobachtet worden, die es auf der sommerlichen Nordhalbkugel erlaubt hätten um Mitternacht leichthin Zeitung lesen zu können. **Drei Tage zuvor** registrierte man in Deutschland, zu pünktlich genauen Stunden auf der Uhr, auffällige **magnetische Störungen**.
Der verursachende Himmelskörper hinterließ, mit einer Sprengkraft von 3 bis 4.000 Hiroshima-Atombomben, keinen irdischen Einschlagkrater und blieb/bleibt bis heute letztendlich rätselhaft.
Dutzende Augenzeugen berichteten zudem, dass das Objekt, welches für einen Asteroiden oder Meteoroiden (unseres Sonnensystems) viel zu langsam und in einem ungewöhnlich flachen Winkel flog, am Himmel seine Bahn gewechselt hatte - also offensichtlich *gelenkt* worden war. Doch solches, an dieser Stelle, weiter zu verfolgen, würde den gesetzten Rahmen des Buches sprengen...

[16]   Bzgl. des Begriffes "Großes Jenseits" vgl. die dies erläuternden Kapitel 32 und 33 im vorliegenden Buch.

Anm. zum Kapitel 30:

[1]   Gemeint sind die 40er und ggf. 50er Jahre des 20. Jahrhunderts.

[2]   Vgl. die Aussage Iréams im zweiten Abschnitt des Kapitels 71: "Über Tod und Jenseits" im Buche Herbert H. G. Engels "Der Sphärenwanderer".

[3]   Hochwahrscheinlich gemeint, was heutzutage als **"Instrumentelle Transkommunikation"** bezeichnet wird - also die Kommunikation mit der Erde Abgeschiedener per technischer Hilfsmittel als Medium, wie z.B. Radio, Telefon, Fernsehen, Computer etc.

[4]   Von lateinisch "levitas" = Leichtigkeit und dem davon abgeleiteten parapsychologischen Begriff des Levitierens, d.h. Leichtseins, Schwebens.

[5]   Anthropozentrisch = auf den Menschen hin ausgerichtet; also, z.B., Sonne, Mond, Planeten und Sterne bewegen sich um die Erde (mit ihren Menschen) als Mittelpunkt des Universums.

[6]   Der Absatz wurde von mir inspirativ so hinzugefügt. Vgl. auch meine Anm. [2] zum Kapitel 34: "Der Himmel als unbegrenzter Beglückungszustand".

[7]   Chairephon, ein Freund des großen Atheners, hatte einmal die Kühnheit besessen, das Orakel von Delphi zu befragen, ob jemand weiser sei als Sokrates. Daraufhin antwortete die Pythia (die weissagende Priesterin), dass dies nicht der Fall sei.
Nachdem dieser Ausspruch Sokrates mitgeteilt worden war, reagierte er mit Verwirrung, da er sich seiner Unzulänglichkeiten und Kleinheit gegenüber dem Olymp der Götter im Klaren war. Deshalb antwortete er: "Ich weiß nur, dass ich [eigentlich, relativ besehen] nichts weiß!"
(Aus Platons "Apologie des Sokrates", 22d).

Getreu dem jedem anzuratenden Motto:
"Bescheidenheit ist eine Zier,
sie auszuüben, rat' ich Dir..!"

[8]   Vgl. Matthäus 7 : 24 - 27.

[9]   Vgl. Matthäus 7 : 7 - 11; Lukas 11 : 5 - 13.

[10]   Vgl. - z.B. - Psalm 23 (eine Melodie Davids, des Königs); 91 : 7 - 9 (aus einem Gebet Mose); Sprüche Salomons 18 : 10; Matthäus 24 : 35 u.v.a.m.

Anm. zum Kapitel 31:

[1] Vgl. Matthäus 26 : 64; Apostelgeschichte 1 : 11; Offenbarung 1 : 7.

[2] Die Bibel liefert *nur einen* Bericht über einen sozusagen spiritistischen Kontakt in 1. Samuel 28 : 7 ff.
Der von Gott, wegen seines Ungehorsams, verlassene König Saul versuchte, via die "Hexe von En-Dor", mit dem verstorbenen Propheten Samuel Kontakt aufzunehmen, um Rat und Segen für den bevorstehenden Kampf gegen die Philister zu erbitten.
Die Geschichte verläuft, bzgl. der Beschwörung des Propheten, erfolgreich - endet ansonsten aber katastrophal.
Fazit: Der Bericht erscheint im Alten Testament eher als negatives Beispiel dafür, wie man es **nicht** machen sollte!

[3] Bezogen auf obige Anm. [2] erklärte der Prophet Samuel sich dadurch *gestört* zu fühlen, "heraufgebracht" worden zu sein (1. Samuel 28 : 15). Der Kontakt als solches wird dabei weder direkt kritisiert, noch gar negiert, sondern im Besonderen das "Beschwören" eines Geistes als eine Praktik gebrandmarkt, um welche man tunlichst einen weiten Bogen schlagen sollte.

[4] Vgl. auch die Anm. [3] zum Kapitel 30: "Die menschlichen Fortschritte der nahen Zukunft".

Erwähnen möchte ich hierzu etwas, mit obigem Phänomen Verwandtes:
Ich *persönlich erlebte* z.B., dass sich mein im Sterben liegender Schwiegervater (er war also noch nicht tot und befand sich in einem 50 Kilometer entfernten Krankenhaus) im Dezember 2005 zweimal bei meiner Familie bemerkbar machte, indem er ein, auf Standby geschaltetes, Radio unvermittelt in Betrieb setzte - und zwar während wir, drei Meter davon entfernt, auf dem Sofa saßen.
Im August 2024 meldete sich mein, eine Woche zuvor verstorbener, Vater bei meiner Mutter vermittels Inbetriebschaltung des Kassettenrecorders und Abspielens einer ihr vertrauten Melodie. Auch hier stand das Gerät auf Standby - es musste aber zum Laufen des Gerätes zuvor eine (psychokinetisch initiiert?) Taste gedrückt worden sein (!).
Meine (an solchen Dingen nicht interessierte) Mutter wollte darüber nicht intensiver nachdenken, weil ihr der Vorfall einen irgendwie gruseligen Touch zu haben schien.
Übrigens: Zum Todeszeitpunkt meines Vaters selbst, fiel der bei ihnen installierte virtuelle Sprachassistent "Amazon Alexa" komplett aus - und funktionierte erst Tage später wieder einwandfrei...

[5] Felix Schmidt.

Gemeint ist die Zeitschrift "Geistiges Leben".

Anm. zum Kapitel 32:

[1]   Zu beachten ist, dass auch das objektiv **Diesseitige** in seiner Erfahrung variiert, wenn Menschen in vielfältig unterschiedlicher seelischer Verfassung, resp. Stimmungslage usw., mit ihrer Umgebung in Resonanz treten.
Auf diese Weise können Menschen, schon auf Erden, zuweilen sozusagen "in ihrer eigenen Welt" / "ihrer eigenen Blase" leben (wie manche dies ggf., bezüglich solcher, zuweilen festzustellen pflegen).

[2]   Vgl. zu diesem (mir nicht gänzlich verständlichen) Begriff die Anm. [10] zum Kapitel 13: "Beginn des Unterrichts zum Initiierten"; evtl. auch die Anm. [4] und [5(a)] zum Kapitel 8: "An der Stätte des Meisters Zacharias" im Buche Bruder/Meister Amos "Die Geschichte des Eremiten", herausgegeben von Felix Schmidt / Uwe Laubach (BoD).

[3]   D.h. Schichten.

[4]   Gemeint ist mit diesem Begriff wohl "Wesenheiten der Schöpfung", "geschaffene Wesen" oder auch "eine neue Kreation erschaffener Wesen" - ich habe daher, d.h. aufgrund dieser Unsicherheit - den etwas merkwürdig klingenden Ausdruck so stehen lassen, wie ich ihn vorfand. Ich denke, diese Begrifflichkeit bezieht sich auch (wenn man den nachfolgenden Kontext berücksichtigt) auf die transformative Metamorphose von Tierseelen zu Höherem...

[5]   Dies meint wahrscheinlich, auf welche Weise vorhandener "Raum" (so, wie wir Menschen es verstehen) verschieden - d.h. den jeweiligen Bedürfnissen, Wünschen, Notwendigkeiten etc. entsprechend - (aus)genutzt werden kann.

[6]   Dieser etwas merkwürdig tönende Begriff scheint eine Wesenheit sozusagen mit ihrer "Verpackung", ihrer "Schale", zu identifizieren - anders als die Seele, welche eher als Herz, d.h. innerer Wesens*kern* eines Lebewesens, verstanden wird.

[7]   Vgl., z.B., den Bericht Franchezzos (A. Farnese [Medium], M. Kahir [Bearbeiter]) im Buche "Ein Wanderer im Lande der Geister" -> Unterabschnitt 3: "Im Reich der Hölle".

[8]   Ähnlich, wie Menschen im selben Gebiet wie Rehe, Hasen, Füchse oder Waschbären wohnen, teilen sie dennoch - in der Regel - nicht deren Lebensraum.
Vergleichbar dürfte es sich "drüben" im Zusammenleben z.B. mit Elementarwesenheiten (wie Kobolden, Nixen oder Feen/Elfen) verhalten, welche ebenfalls in der feinstofflichen Welt beheimatet sind.

[9]   Vom Zeitraum der übermittelten Lehr-Botschaften ableitend, ist leichthin ersichtlich, dass, im gegebenen Fall, der 2. Weltkrieg mit seinen Fronten gemeint ist.

[10]   Vgl. z.B. den Bericht Herbert Engels in seinem Buch "Der Sphärenwanderer", Kapitel 57: "Eine Stadterkundung" (explizit sein Erlebnis mit den beiden Schmieden in einem Kellergewölbe der Altstadt).

[11]   Vgl. 2. Korintherbrief des Paulus 3 : 6.

Anm. zum Kapitel 33:

[1]   Allerdings nicht zu vergessen die Aufhebung an die Körperbindung! Der physische Körper, mit dem man sich im Erdenleben sehr stark zu identifizieren lernte, wird endgültig verlassen und dem Verfall übergeben! Auch dieser Schnitt ist zunächst extrem beängstigend!
Nah-Tod-Erfahrende, die ihren Leib von außen wahrnahmen, berichten allerdings unisono, dass die befreite Seele an der sterblichen Hülle nicht mehr interessiert war, als an jedem anderen x-beliebigen beobachteten Gegenstand.

[2]   D.h. das Erdenleben ist einem lebenslangen "Schlaf" vergleichbar und der "Tod" das Erwachen in der eigentlichen Seelenheimat, welcher man - für die Inkarnation in der Physis - sozusagen "entschlafen" war.

[3]   Bzgl. der Dreiheit Geist/Seele/phys. Körper vgl. auch 1. Thessalonicher-Brief des Paulus 5 : 23.

[4]   Der etwas altmodisch tönende Begriff meint: Ein vom Glauben an Gott geprägter, gläubiger, religiöser Mensch.

[5]   Besagte Hilfe geschieht für Menschen ohne zuvor verstorbene Angehörige zuweilen auch geradezu organisiert "bürokratisch". Niemand wird vergessen..! Vgl., bzgl. der Aufgabe jenseitiger "Dokumentations- und Auskunftszentren" - z.B. -, Anthony Borgias Buch "Begegnungen in der unsichtbaren Welt", Kap. 1: "Ein Übergang".

121

[6]   Über den Pool von Verwandten, Freunden usw. aus *diesem* Leben hinaus, mag es auch solche aus einer (oder mehrerer) früher gelebten Inkarnation(en) geben oder solche, welche nie physisch einverleibt waren, uns jedoch in unserer wahren Seelenheimat (sehr) nahestehen.

[7]   Vgl. den Bericht von Thomas Edward Lawrence in seinem "Tagebuch von drüben"; aufgezeichnet durch das Medium Jane Sherwood.

[8]   Ich verstehe diesen Ausdruck so, dass ich den Menschen in seinem seelischen Aufstiegsprozess (bis zur Erlangung der "Wiedergeburt im Geiste") als ein "Gerichtetes Wesen" interpretiere, welches sich noch auf dem Wege in seine vollendete Entwicklung "zur herrlichen Freiheit der Kinder Gottes" befindet (vgl., z.B., Römerbrief des Paulus 8 : 20, 21).
Zum Begriff der "Geistigen Wiedergeburt" siehe auch die Anm. [18] zum Kap. 13: "Beginn des Unterrichts zum Initiierten" im Buche Bruder/Meister Amos "Die Geschichte des Eremiten".

[9]   Jenes ist ganz klar auch der Sinn einer physischen Inkarnation; wir alle wissen aus Erfahrung, dass es nicht selten Jahrzehnte währt, eine verbesserungswürdige, schlechte Eigenschaft tiefgreifend (und unerschütterlich bleibend) zum Besseren zu wandeln - und dies, obwohl in der grobstofflich-materiellen Welt, zum Erreichen eines solchen Ziels, invasive Instrumentarien wie schweres gesundheitliches Leid und bittere Not zur Läuterung in einem individuellen "Seelen-Lebensdrehbuch" vorgesehen sein können und oft auch eingesetzt werden.

[10]   Dies deshalb, weil auch jede **geographisch real fixierte Örtlichkeit auf Erden** von der auf/in ihr lebenden Individualität subjektiv anders erlebt wird; d.h. Dinge werden gesehen oder nicht wahrgenommen, bekommen eine divergierende Priorität zugewiesen usw. usf.

[11]   Ausführlich ist, im vorliegenden Büchlein, diesem Thema das Kapitel 31: "Über Medialität und ihren Nutzen" gewidmet.

[12]   Das von der Schulwissenschaft vielgepriesene Gehirn ist somit eher einer **Relaisstation** des Geistigen vergleichbar und nicht die Basis unseres Bewusstseins selbst!
Kurz: Das autonom arbeitende Gehirn an sich schafft kein *Bewusstsein*, sondern gibt dem speziellen, individuellen sich entwickelnden Ego in einer Inkarnation Struktur. Seele und Geist entwickeln sich durch die Erfahrungen einer Einverleibung weiter und werden dadurch komplexer und vollkommener.

[13]   D.h. sich nicht, mit Erschrecken und Grausen, an die versagenden irdischen Körperfunktionen zu klammern und diese zu fokussieren..!

[14] Es mag mit dem Versuch verglichen sein, einem von Geburt Blinden zum Beispiel die Farbe Grün zu erklären...

Anm. zum Kapitel 34:

[1] 1. Korintherbrief 2 : 9 (in Bezugnahme auf die Prophezeiungen in Jesaja 64 und 65).

[2] Zum kindlich tönenden Begriff "Himmel" folgendes:
Vor tausend Jahren assoziierte ein Betrachter des Firmaments den Himmel mit Sonne, Mond und den vielleicht 2 oder 3.000 Sternen, welche man mit bloßem (gutem) Auge - je Hemisphäre - sehen kann.
Der "Himmel" war für ihn dann irgendwo "da oben" - ein buchstäblich überschaubarer Raum undefinierbarer Größe; zumeist noch in Form einer Kuppel über einer flachen Erdscheibe gedacht...
Vor hundert Jahren war das anthropozentrische und auch das heliozentrische Weltbild passé - die Erde war ein im Kosmos schwebender Globus; man wusste schon um die Milliarden Sterne in unserer Milchstraße.
Seit 1923 (öffentlich gemacht 1925) wurde klar, dass es sogar mehrere Galaxien im Universum gab; **heute (d.h. 2024)** sind uns hunderte Milliarden bekannt...
Die Begrifflichkeit des "Himmels" hat somit eine reifere Bedeutung gewonnen, welche sich ggf. in Sphären und Dimensionen des "himmlischen Seins" ausdrückt.

[3] Seliger ist Geben, denn Nehmen; vgl. Apostelgeschichte 20 : 35b.

[4] Vgl., z.B., im Buche Herbert Engels "Der Sphärenwanderer" die erste Geschichte des Kapitels 43: "Empfang auf der anderen Seite", betreffs der dort erwähnten Schwester des Autoren.

[5] Es wogt tatsächlich ein geistlich-spiritueller **Kampf** um uns herum; die Menschen sind umgeben von gut- und böswilligen Präsenzen, welche sie entsprechend zu beeinflussen suchen.
Darum sprach der bedeutende Lehrmeister und von Gott zur Heilarbeit berufene Bruno Gröning (1906 – 1959) stets davon, wie wichtig es sei, nur gute Gedanken *aufzunehmen*. Diese Ausdrucksweise erscheint auf den ersten Blick merkwürdig - trifft indes "den Nagel auf den Kopf", denn entscheiden wir uns, mehr oder weniger permanent, auf welche Einflüsterungen wir zu hören gewillt sind...

[6]   Der abgedroschen oder altmodisch klingende Begriff der "Sünde" meint die **Verfehlung** eines (zu Recht geforderten, bzw. erstrebten) Ziels.

[7]   Vgl. - analog - Matthäus 5 : 28.

[8]   D.h. Jahweh/Jehovah (יהוה = J [Y], H, W [V], H [hebräisch schreibt sich von rechts nach links]); vgl. 2. Mose 3 : 15.

[9]   Vgl. Matthäus 18 : 21 - 35; auch 6 : 14 und 15.

[10]   Ursachen des Strauchelns gehören zum Erdenleben - mehr oder weniger unweigerlich - dazu, wie die Luft zum Atmen; man kann solchen nicht vollständig ausweichen (vgl. Matthäus 18 : 7).

[11]   Gemeint ist sowohl **das** Böse, als auch **der** Böse, d.h. der Satan; im Weiteren sämtliche Einflüsse aus dem Reich der Dämonie.

[12]   Aus: Matthäus 6 : 9 - 13.

[13]   Vgl. hierzu die Erhellung Iréams im Buche Herbert Engels "Der Sphärenwanderer", Kapitel 50: "Blaue Ebene der Regeneration".

[14]   Die konkreten Namen habe ich - erfundenermaßen - hier eingefügt, weil sich jede(r) an Planetologie Interessierte(r) mittlerweile (anders als in den 1940er Jahren) eine gute Vorstellung zum Planeten Mars, den galiläischen Jupiter-Trabanten oder dem atmosphäreummantelten Saturnmond Titan zu formen vermag.

Anm. zum Kapitel 35:

[1]   Aus der Sicht des Jahres 1947, oder kurz danach...
In Erinnerung gerufen sei hierbei auch noch der Umstand, dass die gegebenen Mitteilungen erst später in die vorliegende Buchform gepresst wurden, wodurch die *zeitliche* Reihenfolge der Einzelbotschaften (um einen *thematisch* gegliederten Kontext zu schaffen) "durcheinandergewürfelt" wurde.

[2]   Vgl. Bruder Amo & Felix Schmidt - "Die Geschichte des Eremiten", Kapitel 22: "Fahrt über den Bozeman-Pass" und 23: "Nachdrücklich Erwähntes".

[3] Gemeint ist die Zeitspanne der ersten Mitteilungen Bruder Amos mit offenbarendem Charakter, anfangs der 1940er Jahre, zu den (damals aktuellen) Botschaften im Ausgang besagten Jahrzehnts.

[4] D.h. Kernspaltung.

[5] Man denke z.B. an den im 21. Jahrhundert massiv einsetzenden Klimawandel, an welchen zu Zeiten Bruder/Meister Amos noch kaum jemand gedacht hatte; weiters die zuvor schon publik gewordene Perforierung der Ozonschicht, sowie andere diverse, auf Umweltbelastung, bzw. -zerstörung basierende, Problemstellungen...

[6] Gemeint ist die Nachkriegszeit, insbes. von 1945 bis 1955.

[7] D.h. nach dem Kriege, den Folgen des 2. Weltkrieges.

[8] Das Deutsche Reich hat durch Gebietsabtretungen nach dem 1. Weltkrieg eine Verkleinerung seines Staatsgebietes von 540.900 km² auf 470.500 km² hinnehmen müssen.
Zuzüglich den Verlust seiner gesamten Kolonialbesitzungen: Deutsch-Südwestafrika (heute Namibia) 835.100 km²; Kamerun 495.000 km²; Togo 87.200 km²; Deutsch-Ostafrika 995.000 km²; Deutsch-Neuguinea 240.000 km²; Div. Pazifik- bzw. Südseeinseln 5.345 km²; Kiautschou (Qingdao, China) 515 km² = # 2.658.160 km².
Die Übernahme von Portugiesisch-Timor, Angola, sowie Nord-Mosambik u.a. war mit Britannien schon so gut wie fixiert, wurde aber durch den Kriegsausbruch verhindert. Für weitere kleinere spanische Kolonien in Afrika bestand, seitens des Deutschen Reiches, ein Vorkaufrecht.
Sehr unangenehm deutlich wird hierbei das deutsche Streben nach Weltgeltung und nimmersatte, "großmannssüchtige" Expansion.
So kam es, wie es kommen musste:
"Je mehr er hat - je mehr er will..."; wer **zuviel will**, hat nachher garnichts mehr..!

Mit dem Ende des 2. Weltkrieges ging das Reich unter und es verblieben, nach Annexion der deutschen Ostgebiete durch die Sowjetunion und Polen, 249.400 km² für Westdeutschland und 108.200 km² für Ostdeutschland (# 357.600 km²), welche - bevölkerungsmäßig - zudem eine riesige Flüchtlingswelle aus Ostpreußen, Danzig, Hinterpommern, Ostbrandenburg, Schlesien und dem Sudetenland zu verkraften hatten.

[9] Man kann es, als "Kind des Kalten Krieges", kaum genügend unterstreichen:
Diese Voraussage von 1947/8 wurde ganz überraschend im Jahre 1989 in seine, vorher für <u>unmöglich</u> gehaltene, Erfüllung gebahnt.

[10] Vgl. Matthäus 6 : 33, 34.

[11] Für den skeptischen Christen sei hierzu bemerkt: Es gilt nicht Glaube **oder** Werk, sondern Glaube **und** Werk; nicht Eigenbemühung **vs.** Barmherzigkeit Gottes, sondern Vergebung, Barmherzigkeit Gottes **plus** eigene Bemühungen..!
So wurde der Ehebrecherin von Jesus vergeben; doch sagte/gebot er ihr auch: "Gehe hin und sündige nicht mehr!" (Johannes 8 : 3 – 11)
Der letzte Halbsatz meint also: "Bemühe dich fortan das Gute zu tun und das Schlechte zu lassen; arbeite an dir!"

[12] Vergleichbar hierzu das Konzept der indischen Trimurti: *Brahma* ist der Gott der Erschaffung, *Vishnu* der Erhalter und Bewahrer, *Shiva* der Gott der Zerstörung (um wieder Neues, Besseres, Gereifteres wachsen lassen zu können).

[13] "Galaxien" von mir hinzugefügt.

[14] Vgl. zum (mir in diesem Zusammenhang nicht gänzlich verständlichen) Begriff der "Oktave" die Anm. [10] zum Kapitel 13: "Beginn des Unterrichts zum Initiierten"; evtl. auch die Anm. [4] und [5(a)] zum Kapitel 8: "An der Stätte des Meisters Zacharias" im Buche Bruder/Meister Amos "Die Geschichte des Eremiten", herausgegeben von Felix Schmidt / Uwe Laubach (BoD).

[15] Im indischen Manusmriti wird von einer periodischen Wiederkehr bestimmter "Yugas" gesprochen. Nach Sri Yukteswar, dem Guru Paramahansa Yoganandas, dauert der kürzeste Weltenzyklus (entnommen seinem Werk "Die Heilige Wissenschaft"), das "Maha-Yuga", 24.000 Jahre. Dieser Zyklus unterteilt sich in die vier Weltalter des goldenen "Satya-Yuga" (Dauer 4.800 Jahre), des silbernen "Treta-Yuga" (3.600 Jahre), des kupfernen/bronzenen "Dvapara-Yuga" (2.400 Jahre) und des eisernen "Kali-Yuga" (1.200 Jahre); was - je auf- und absteigend - zu 2 x 12.000 Jahren = 24.000 Jahren führt.
Genannte, auf hundert Jahre genau unterstellte, zementierte, festgefügte Periodizität ist zwar falsch; dem Grundgedanken der Möglichkeit eines (spirituell bedingten) Auf und Nieder aber Rechnung getragen.

[16] Man ist geneigt, einen berechtigten Vergleich zum Bericht in der Genesis zu ziehen, d.h. der Konsequenz, welche sich aus dem (verbotenen) Verzehr der Frucht vom "Baume der Erkenntnis von Gut und Böse" ergab -> 1. Mose 2 : 16, 17; 3 : 1 - 5 und 22 - 24.

[17] D.h. ins kleinste, unendlich kleine, gehend.

[18]   Eine Pause, welche wohl im Wesentlichen die Zeit von 1943 (dem physischen Tod des Eremiten) bis 1947 meint -> vgl. auch das Nachwort (von 1941!) und die Anm. [1] zum Nachwort.
Zur Erinnerung: Die Botschaften des Eremiten wurden später **sachlich** - *nicht* **chronologisch** - im vorliegenden Buch zusammengefasst...

Anm. zum Nachwort:

[1]   Dieses "Nachwort" zu den ersten Offenbarungen kann leichthin auch als weiteres *Vorwort* zu den späteren, ab 1947 eingehenden, gelten...

Anm. zum Epilog des Editors:

[1]   Vgl. Leopold Engels 1911 erschienenes Buch "Mallona - Der Untergang des Asteroiden-Planeten".

[2]   D.h. die Berstung Mallonas wäre demnach durch einen so entstandenen Wasserdampf-Überdruck im Planeteninneren initiiert worden, welcher - im Weiteren - die Plattentektonik an mehreren Orten zugleich in Aufruhr versetzte und damit zu einer insgesamt desaströs-verhängnisvollen Kettenreaktion, mit nachfolgend globaler Desta-bilisierung, resp. struktureller Überstrapazierung, anheizte.

[3]   Der Name wurde von mir in der "Geschichte des Eremiten" mit der Intention erfunden und eingesetzt, die geschilderten Begegnungen weniger abstrakt wirken zu lassen. (Vgl. auch Anm. [2] zum dortigen Kapitel 15: "Liebe-Offenbarung im Frauenkloster")

[4]   Vgl. "Die Geschichte des Eremiten", Kapitel 18: "Letztes irdisches Treffen der 'Himmlischen Eheleute'" (Bruder Amo & Felix Schmidt; Herausgeber: Uwe Laubach, BoD).

Der Überarbeiter und Editor

Uwe Laubach wurde am 25. Dezember 1961 in Altmorschen an der Fulda geboren. Sein stetes Streben ist eine liebende Gottverbundenheit in der Nachfolge Jesu Christi.

ER ist der Weg (zu Gott), die Wahrheit und das Leben...

Kontaktinformation

Uwe Laubach; Bearbeiter und Herausgeber

E-Mail: uwe-laubach@web.de

Herbert H. G. Engel

Der Sphärenwanderer

Reisen, Begegnungen und Offenbarungen

in anderen Dimensionen

**Umfassend verbesserte und
wesentlich erweiterte Auflage**

Erlebnisse und Begegnungen
in unbekannten Jenseitswelten

Im Sommer des Jahres 1945, kurz nach Beendigung des 2. Weltkrieges, wurde dem Autor, als einem heimkehrenden deutschen Soldaten - fernab von den fast allgegenwärtigen Trümmerstätten jener Zeit -, eine große Vision zuteil, welche seine quälenden Fragen nach dem Erden- und Menschenschicksal mit einem Schlag beantwortete.

In der Folge durfte Herbert Engel wunderbare Erfahrungen sammeln, die er im **Ersten Teil** des Buches, des wahren Lebensberichtes eines Suchers nach Weltenerkenntnis, per farbiger Schilderungen der verschiedensten astralen Landschaften, dem Leser authentisch beschreibt. Immer öfter geschah es nämlich nun, dass er, meist zu nachtschlafender Zeit, bei vollem und klarem Bewusstsein, aus seinem Körper geholt und von Botschaftern und Geistführern aus erhabenen Welten durch diverse Schattierungen der jenseitigen Sphären geleitet wurde. Im Kontakt mit unzähligen Jenseitsbewohnern erfuhr er alles über das neue Leben der Abgeschiedenen und ihre unermüdliche Arbeit zu seelisch-geistiger Entwicklung.

Im **Zweiten Teil** des Buches lassen uns seine transzendenten Mentoren, aus einem Universum des Lichts und der Liebe, an den großen Geheimnissen des kosmischen Wirkens teilhaben.

Ergänzt wird sein Werk, in dieser Neufassung, durch einen Nachspann, der dem forschenden Leser viele nützliche Querverweise und interessante Hinweise zum Text, in kurz gefassten Anmerkungen des Überarbeiters/Co-Autoren, liefert.

504 Seiten

Joy Snell

Der Dienst
helfender Engel

Erlebnisse einer Pflegeschwester

an Kranken- und Sterbebetten

Neu übersetzt und umfassend bearbeitet

Erlebnisse einer, mit dem Charisma der Hellsicht beschenkten, Krankenschwester

Joé (Joy) Snell wirkte im ausgehenden 19. Jahrhundert in London als Krankenschwester, später als private Pflegekraft.

Die, zu Zeiten des britischen Empire, um 1860/65 in Indien geboren, in Nordirland aufgewachsene und in England tätige, Autorin war, dank besonderer, ihr verliehener Begnadung, zur außersinnlichen Wahrnehmung befähigt, durfte und konnte Dinge schauen, die, für gewöhnlich, Menschen verborgen bleiben.

In stetig wachsendem Maße ihrer seelischen Reifung steigerte sich dies bis hin zur Begegnung mit Jenseitigen, die sie für sich in der Regel "Engel" nannte, sowie zu Reisen in astrale Gefilde, in welche sie zumeist von ihrem weiblichen Schutzgeist mitgenommen wurde.
Dadurch erlebte sie, aus eigenem Augenschein, dass Hilfeleistungen "von drüben" nicht nur diesseits "der Schwelle" gewährt werden, sondern im Jenseits ihre benötigte Fortsetzung, zur Entwicklung der Seelen, finden.

Ein spirituelles Vermächtnis wahren Wissens; gesammelt durch persönliche **Erfahrungen** - weitergegeben durch eine jahrzehntelang im Pflegebereich arbeitende, leidgewohnte Frau mit entsprechend spezieller Beobachtungs- und Einfühlungsgabe im selbstlosen Dienst am Nächsten.

Ergänzt wird ihr Werk durch einen Anhang, der dem nachforschenden Leser diverse nützlich-informative und interessante Hinweise zum Text, in kurz gefassten Anmerkungen des Übersetzers/Bearbeiters, liefert.

Ein Buch, das in keiner Palliativstation, keinem Hospiz fehlen sollte..!

200 Seiten

Bruder Amo & Felix Schmidt

Die Geschichte des Eremiten

Erlebnisse in einer Schule der

"Weißen Bruderschaft" im Himalaya

<u>> Eremit – Band 1 <</u>

Umfassend neu überarbeitet

Ein Deutscher in einer Schule der "Weißen Bruderschaft" im Hoch-Himalaya

Nach dem Deutsch-Französischen Krieg, 1870/71, sucht ein junger Gardeoffizier neuen Lebenssinn und Heilung für eine, in einer Schlacht des Krieges erlittene, schwere Verwundung.

So reist er in den folgenden Jahren, über Nordafrika und den Vorderen Orient, bis nach Indien.

Aufgrund der, ihm selbst unbewussten, spirituellen Vorgeschichte seiner Seele, wird er in Kaschmir eingeladen, die, wohl in über 7.000 Meter Höhe zu verortende, Stätte des deutschen "Meisters Zacharias" aufzusuchen, um dort einer langjährigen Ausbildung der "Weißen Bruderschaft" beizutreten.

In dieser Zeit erlebt Bruder Amo drei Begegnungen mit seinem "Zweiten Ich", seiner "Himmlischen Ehefrau" oder Dualseele, in einem (bzw. in der Nähe eines, im Karakorum-Gebirge gelegenen) Frauenkloster.

Nach Erringung der Meisterschaft, der "Geistigen Wiedergeburt", wird Bruder Amo, gegen Ende seines Lebens, im Bundesstaat Montana (USA) sesshaft und eröffnet, in der Zeit des in Europa tobenden 2. Weltkrieges, seine Geschichte den deutsch-stämmigen Kreisen in seinem neuen Heimatland.

Ergänzt wird sein Bericht durch einen Anhang, der dem nachforschenden Leser diverse nützliche und informative Hinweise zum Text, in kurz gefassten Anmerkungen des Überarbeiters, liefert.

Das Buch beinhaltet – sozusagen als Band 1 – die ersten 24 Kapitel des Gesamtwerkes.

244 Seiten